BEI GRIN MACHT SICH IHR WISSEN BEZAHLT

- Wir veröffentlichen Ihre Hausarbeit, Bachelor- und Masterarbeit

- Ihr eigenes eBook und Buch - weltweit in allen wichtigen Shops

- Verdienen Sie an jedem Verkauf

Jetzt bei www.GRIN.com hochladen und kostenlos publizieren

Ralf Nowak

Chancen und Risiken von On-Demand ERP-Systemen in kleinen und mittelständischen Unternehmen

Ansatzpunkte für eine Vermarktungsstrategie von SAP im Mittelstand

GRIN Verlag

Bibliografische Information der Deutschen Nationalbibliothek:

Die Deutsche Bibliothek verzeichnet diese Publikation in der Deutschen Nationalbibliografie; detaillierte bibliografische Daten sind im Internet über http://dnb.d-nb.de/ abrufbar.

Dieses Werk sowie alle darin enthaltenen einzelnen Beiträge und Abbildungen sind urheberrechtlich geschützt. Jede Verwertung, die nicht ausdrücklich vom Urheberrechtsschutz zugelassen ist, bedarf der vorherigen Zustimmung des Verlages. Das gilt insbesondere für Vervielfältigungen, Bearbeitungen, Übersetzungen, Mikroverfilmungen, Auswertungen durch Datenbanken und für die Einspeicherung und Verarbeitung in elektronische Systeme. Alle Rechte, auch die des auszugsweisen Nachdrucks, der fotomechanischen Wiedergabe (einschließlich Mikrokopie) sowie der Auswertung durch Datenbanken oder ähnliche Einrichtungen, vorbehalten.

Impressum:

Copyright © 2008 GRIN Verlag GmbH
Druck und Bindung: Books on Demand GmbH, Norderstedt Germany
ISBN: 978-3-640-13155-6

Dieses Buch bei GRIN:

http://www.grin.com/de/e-book/112735/chancen-und-risiken-von-on-demand-erp-systemen-in-kleinen-und-mittelstaendischen

GRIN - Your knowledge has value

Der GRIN Verlag publiziert seit 1998 wissenschaftliche Arbeiten von Studenten, Hochschullehrern und anderen Akademikern als eBook und gedrucktes Buch. Die Verlagswebsite www.grin.com ist die ideale Plattform zur Veröffentlichung von Hausarbeiten, Abschlussarbeiten, wissenschaftlichen Aufsätzen, Dissertationen und Fachbüchern.

Besuchen Sie uns im Internet:

http://www.grin.com/

http://www.facebook.com/grincom

http://www.twitter.com/grin_com

Fachhochschule für Oekonomie & Management (FOM)

Essen

Diplomarbeit

Angestrebter Abschluss:

Diplom-Wirtschaftsinformatiker (FH)

Thema:

Chancen und Risiken von On-Demand ERP-Systemen in kleinen und mittelständischen Unternehmen

Ansatzpunkte für eine Vermarktungsstrategie von SAP im Mittelstand

---

Name, Vorname: Nowak, Ralf

Abgabedatum: 12.06.2008

Inhaltsverzeichnis

Inhaltsverzeichnis I
Abkürzungsverzeichnis IV
Abbildungsverzeichnis VI
Tabellenverzeichnis VII

1 Einleitung **1**
    1.1 Ausgangssituation und Problemstellung *1*
    1.2 Zielsetzung und Abgrenzung *2*
    1.3 Aufbau der Arbeit *3*

2 Begriffsverständnis und theoretische Grundlagen **4**
    2.1 Mittelstand versus KMU 4
        2.1.1 Begriffsverständnis 4
        2.1.2 Bedeutung und Besonderheiten 6
    2.2 Enterprise Resource Planning (ERP) - Systeme 7
        2.2.1 Begriff und historische Entwicklung 7
        2.2.2 Bestandteile von ERP-Systemen 10
            2.2.2.1 Finanzwesen 12
            2.2.2.2 Controlling 12
            2.2.2.3 Beschaffung 13
            2.2.2.4 Vertrieb 13
            2.2.2.5 Produktion 13
            2.2.2.6 Personalwesen 14
            2.2.2.7 Stammdaten 14
    2.3 Herleitung des Begriffs On-Demand-Software *15*
        2.3.1 Softwarearchitektur 15
        2.3.2 Service Oriented Architecture (SOA) 16
        2.3.3 Software as a Service (SaaS) / On-Demand-Software 19

3 Betrachtung der Marktsituation **21**
    3.1 KMU als Abnehmermarkt *21*
        3.1.1 Anforderungen von KMU an ERP-Systeme 21
        3.1.2 Betrachtung der eingesetzten Systeme 24

3.1.3 On-Demand-Software für KMU 26
    3.1.3.1 Einsatzbereich von SaaS 26
    3.1.3.2 SaaS: Vor- und Nachteile für KMU 27
    3.1.3.3 SaaS aus rechtlicher Sicht 29
    3.1.3.4 On-Demand-Software als neues Lizenz-Modell 30

3.1.4 ERP-Systeme für KMU 32
    3.1.4.1 Mittelstand als Zielgruppe 32
    3.1.4.2 Nutzen von ERP-Systemen 33
    3.1.4.3 Integration von ERP-Systemen 34

3.2 *Wettbewerbssituation* *35*

3.2.1 Marktübersicht ERP-Software-Anbieter 35
3.2.2 Vorstellung der Top-Five ERP-Hersteller für KMU 38

    3.2.2.1 Infor 38
        3.2.2.1.1 Das Unternehmen 38
        3.2.2.1.2 Geschäftsbereich 38
        3.2.2.1.3 ERP-Angebot für KMU 38
        3.2.2.1.4 On-Demand-Ansatz 39

    3.2.2.2 Microsoft 39
        3.2.2.2.1 Das Unternehmen 39
        3.2.2.2.2 Geschäftsbereich 40
        3.2.2.2.3 ERP-Angebot für KMU 40
        3.2.2.2.4 On-Demand-Ansatz 41

    3.2.2.3 Oracle 41
        3.2.2.3.1 Das Unternehmen 41
        3.2.2.3.2 Geschäftsbereich 42
        3.2.2.3.3 ERP-Angebot für KMU 42
        3.2.2.3.4 On-Demand-Ansatz 43

    3.2.2.4 Sage 44
        3.2.2.4.1 Das Unternehmen 44
        3.2.2.4.2 Geschäftsbereich 44
        3.2.2.4.3 ERP-Angebot für KMU 44
        3.2.2.4.4 On-Demand-Ansatz 46

    3.2.2.5 SAP 47
        3.2.2.5.1 Das Unternehmen 47
        3.2.2.5.2 Geschäftsbereich 47
        3.2.2.5.3 ERP-Angebot für KMU 47
        3.2.2.5.4 On-Demand-Ansatz 49

4 Chancen und Risiken für SAP Business ByDesign im Mittelstand 50

4.1 *Darstellung der On-Demand-Strategie von SAP* *50*
4.2 *Chancen für On-Demand-ERP-Software im Mittelstand* *54*
4.3 *Risiken für On-Demand-ERP-Software im Mittelstand* *59*

5	**Fazit**	**63**
	5.1 Zusammenfassung	*63*
	5.2 Schlussbetrachtung	*64*
	5.3 Ausblick	*66*
Anhang		A
Literaturverzeichnis		B

Abkürzungsverzeichnis

ASP	Application Service Providing
BDU	Bundesverband Deutscher Unternehmensberater
BI	Business Intelligence
BMWi	Bundesministerium für Wirtschaft und Technologie
BOA	bäurer open access
CAD	Computer Aided Design
CRM	Customer Relationship Management
DMS	Dokumenten Management System
DRP	Distribution Requirements Planning
ebd.	ebenda
EC	Die Europäische Kommission
ERP / ERP II	Enterprise Resource Planning
ESB	Enterprise-Service-Bus
et al.	et alii
f. / ff.	folgende / fortfolgende
GuV	Gewinn- und Verlustrechnung
i. B.	im Besonderen
i. d. R.	in der Regel
i. w. S.	im weiteren Sinne
IBM	International Business Machines Corporation
IfM	Institut für Mittelstandsforschung
IT	Informationstechnologie
KMU	Kleine und mittelständische Unternehmen / Kleine und mittlere Unternehmen
MRP II	Manufacturing Resource Planning

MRP	Material Requirements Planning
NEG	Netzwerk Elektronischer Geschäftsverkehr
o. a.	oben angeführt
o. Ä.	oder Ähnliche
o. J.	ohne Jahresangabe
o. S.	ohne Seitenangabe
o. V.	ohne Verfasser
PLM	Produktlebenszyklusmanagement
PPS	Produktionsplanung und -steuerung
s. g.	so genannt
S.	Seite
SaaS	Software as a Service
SAP	Systeme, Anwendungen, Produkte in der Datenverarbeitung
SCM	Supply Chain Management
SOA	Service Oriented Architecture
SWOT	Strength, Weaknesses, Opportunities und Threats
TEC	Technology Evaluation Center
TI	technische Infrastruktur
TÜViT	Technischer Überwachungsverein Informationstechnik GmbH
u. a.	unter anderem
u. U.	unter Umständen
VNL	Verein Netzwerk Logistik

Abbildungsverzeichnis

Abbildung 1: Historische Entwicklung von ERP-Systemen 9

Abbildung 2: Gegenüberstellung ERP / ERP II 10

Abbildung 3: Kriterien für die Auswahl von Softwarelieferanten 23

Abbildung 4: Kostenfalle ERP-Systeme 24

Abbildung 5: Umfrage Systemwechsel bei ERP-Lösungen 25

Abbildung 6: Auswahlkriterien für ein neues ERP-System 26

Abbildung 7: Bereiche, für die Softwareunternehmen verstärkt SaaS erwarten 30

Abbildung 8: SaaS-Marktentwicklung in Deutschland 2007 bis 2010 31

Abbildung 9: On-Demand – Umfrage 32

Abbildung 10: ERP-Markt in Deutschland 2006 36

Abbildung 11: Anbieter am deutschen ERP-Markt 37

Abbildung 12. Marktanteil der ERP-Hersteller in der Metallindustrie 37

Abbildung 13: Aufbau und Architektur der JD EnterpriseOne-Lösung 43

Abbildung 14: BOA-Plattform als IT-Konzept 46

Tabellenverzeichnis

Tabelle 1: Mittelstandsdefinition des IfM Bonn (01.01.2002) 5

Tabelle 2: Mittelstandsdefinition der Europäischen Kommission (06.03.2003) 5

Tabelle 3: Mögliche Vor- und Nachteile von SaaS 28

Tabelle 4: SWOT-Analyse SaaS 29

Tabelle 5: Nutzen von ERP-Systemen 34

Tabelle 6: Phasen der Integration betrieblicher Informationssysteme 35

Tabelle 7: SAP-Lösungen für KMU im Vergleich 48

Tabelle 8: Generische SOA-Prüfbereiche und Prüfthemen 53

Tabelle 9: Überblick Chancen und Risiken: ERP-On-Demand-Anbieter 63

Tabelle 10: Überblick Chancen und Risiken: SAP Business ByDesign 64

1 Einleitung

1.1 Ausgangssituation und Problemstellung

In Zeiten zunehmender Globalisierung und Dynamisierung und eines immer stärker werdenden Konkurrenzkampfes liegt das Augenmerk der Unternehmen besonders auf der Erzielung und dem Erhalt langfristiger Wettbewerbsvorteile. In ihrem Streben nach hoher Effektivität, Effizienz und Flexibilität besinnen sie sich der (internen) Abläufe als Verursacher und Treiber der kritischen Größen. Die Orientierung an den Geschäftsprozessen rückt in den Mittelpunkt unternehmerischen Handelns.[1]

Aufgrund des hohen, weiterhin steigenden Optimierungsdrucks und der durch diesen notwendig gewordenen Standardisierungs- und Automatisierungstendenzen, wird die Informationstechnologie (IT) zu einem der wichtigsten Faktoren wirtschaftlichen Handelns.[2] Dies spiegelt sich vor allem in der Anforderung wieder, Daten und Informationen aller Geschäftsbereiche jederzeit und standortunabhängig jedem Mitarbeiter, dem Management, aber ggf. auch Kunden und Lieferanten in elektronischer Form zur Verfügung stellen zu können. Die Erfüllung dieser Anforderung ist – zunehmend – auch für den Erfolg kleiner und mittlerer Unternehmen (KMU) von großer Bedeutung.[3] Ein konkretes Beispiel: „Das wichtigste Zukunftsthema für den Mittelstand und kleine Betriebe .. [ist] aus Expertensicht das Kundenbeziehungsmanagement. Viele Betriebe seien hier nicht optimal aufgestellt, so BDU[4]-Präsident Antonio Schnieder: »Das Ziel muss aber sein, alle kundenbezogenen Prozesse in Marketing, Vertrieb, Kundendienst sowie Forschung und Entwicklung effizient aufeinander abzustimmen.«"[5]

Die skizzierte Entwicklung erfordert flexible Lösungen, durch die ein redundanzfreier Datenaustausch gewährleistet werden kann und durch die ein hohes Maß an Benutzerfreundlichkeit sowie größtmögliche Sicherheit erreicht wird.

---

[1] Vgl. Bartmann et al. (2004), S. 1 f.
[2] Vgl. Kupsch (2006), S. 1 f.
[3] Vgl. Siegenthaler / Schmid (2006), S. 4
[4] Bundesverband Deutscher Unternehmensberater (BDU)
[5] Hofmann (2008), o. S.

Die Integration von modernen IT-Systemen gewinnt somit ständig an Relevanz und „wird immer stärker selbst zu einem strategischen Faktor in der Wertschöpfungskette. Unternehmen erkennen das Potenzial, das die optimale IT-Unterstützung ihrer Geschäftsprozesse birgt. Denn in einer Zeit, in der die Produkte selbst immer austauschbarer werden, entscheiden nicht selten Kriterien wie Schnelligkeit und Flexibilität über Erfolg oder Misserfolg."[6]

Neuere Ansätze am Softwaremarkt greifen diese Erfordernisse, bzw. deren Befriedigung auf. Hinter Schlagworten wie „Service Oriented Architecture" (SOA), „Software as a Service" (SaaS) oder „Software On-Demand" verbergen sich Ansätze, Software in fachlich abgegrenzte Services aufzuteilen und prozessorientiert zu modellieren. Zusätzlich eröffnen sich Möglichkeiten, die Software nach neuen Lizenz-Modellen anzubieten, bzw. die Leistung „Software" auf neuen Distributionswegen zu erbringen.

Das Softwarehaus SAP greift diese Entwicklung in seiner On-Demand-Lösung SAP Business ByDesign auf und konzentriert sich auf die immer stärker forcierte Zielgruppe Mittelstand. Angelehnt an die WebServices, dem Internet-User geläufig als Einkaufs-, (Auto-) Versicherungs-Check-, Rentenrechner-Portalen, o. Ä., soll die Software per Mausklick in das Unternehmen geholt und gemietet werden können. Aus diesem Grund wird die Software SAP Business ByDesign beispielhaft in den Mittelpunkt der Betrachtung gestellt.

1.2 Zielsetzung und Abgrenzung

Im Rahmen dieser Arbeit werden Chancen und Risiken für eine erfolgreiche Vermarktung des SAP Produkt-Konzepts „Business ByDesign" identifiziert, die sich aus den besonderen – auch potenziellen – Anforderungen des Zielsegments Mittelstand ergeben. Berücksichtigt werden dabei insbesondere die erkennbaren Entwicklungen im Segment kleiner und mittelständischer Unternehmen, aber auch die aktuelle Positionierung der wichtigsten Wettbewerber.

Die sich möglicherweise aus anderen Faktoren der (Unternehmens-) Umwelt i. w. S. (wie z. B. aus gesellschaftlichen Entwicklungen oder aufgrund gesetzlicher Vorgaben) ergebenden Chancen und Risiken sind ebenso wenig Gegenstand der

---

[6] Lamping (2008), o. S.

Betrachtungen in dieser Arbeit wie die nicht minder relevanten Stärken und Schwächen des Unternehmens SAP oder die Qualität des Produktes im Einzelfall. Darüber hinaus erhebt diese Arbeit schon aufgrund des großen zu berücksichtigenden Spektrums keinen Anspruch auf branchenspezifische Vollständigkeit der identifizierten Aspekte.

Erklärtes Ziel dieser Arbeit ist es weniger, auf die Fülle aller in Betracht kommenden Faktoren einzugehen, sondern vielmehr, die wesentlichen zu berücksichtigen.

1.3 Aufbau der Arbeit

Der erste Abschnitt der Arbeit verschafft zunächst einen Überblick über die gegenwärtige Marktsituation und die Bedeutung des Einsatzes geeigneter Softwarelösungen im Hinblick auf die Wettbewerbsfähigkeit. Nachfolgend werden im zweiten Kapitel die theoretischen Grundlagen vorgestellt. Im Anschluss an die Darlegung der thematisch relevanten Begriffe werden in Kapitel 3.1 zunächst die besonderen Entwicklungen im Segment kleiner und mittelständischer Unternehmen und die sich aus diesen – auch potenziell – ergebenden Anforderungen dargestellt. Hieran schließt sich in Kapitel 3.2 eine Vorstellung der wichtigsten Wettbewerber und deren Markt-Positionierung an, die die Basis für die in Kapitel 4 folgende Identifizierung von relevanten Chancen und Risiken für das SAP Produkt-Konzept „Business ByDesign" ergänzt. Im Fazit (Kapitel 5) erfolgt schließlich eine zusammenfassende, abschließende Bewertung der zuvor herausgearbeiteten Chancen und Risiken, bevor in Kapitel 5.3 Ansatzpunkte für eine Vermarktungsstrategie aufgezeigt werden.

2 Begriffsverständnis und theoretische Grundlagen

2.1 Mittelstand versus KMU

2.1.1 Begriffsverständnis

Eine einheitliche Abgrenzung der Begriffe Mittelstand bzw. kleine und mittelständische Unternehmen oder kleine und mittlere Unternehmen existiert nicht.[7] Obwohl es zahlreiche Definitionsversuche gibt, konnte bisher keine klare Sprachregelung gefunden werden.[8] In der Vergangenheit bezog sich der Begriff Mittelstand auf die Zugehörigkeit zu einer sozialen Schicht, verengte sich jedoch zunehmend auf die Gruppe der selbstständigen Erwerbstätigen. Heutzutage sind dem Begriff mittelständische Unternehmen solche Wirtschaftsunternehmen zuzuordnen, in denen ein Unternehmer als Kapitalgeber die Hauptverantwortung trägt und die eine bestimmte Größenordnung nicht überschreiten.[9]

Eine genauere Unterscheidung zwischen kleinen, mittleren und großen Unternehmen wird notwendig, wenn es um die Zuweisung von (gesetzlichen) Rechten und Pflichten geht. Es bedarf quantitativ und damit objektiv messbarer Größen, um eine gerechte Aufteilung zu erzielen. Eine solche Kategorisierung der Unternehmen ist notwendig, wenn es z. B. um die Gewährung von Fördermitteln oder die Festlegung des Umfangs der Bilanzierungspflicht geht.

Diesem Anspruch Rechnung tragend, erfolgt die Einordnung eines Unternehmens in eine bestimmte Größenkategorie i. d. R. anhand der Beschäftigtenzahl und/oder der Höhe des Jahresumsatzes. Andere Messzahlen wie Bilanzsumme, Eigenkapital oder Wertschöpfung sind jedoch denkbar.[10]

Dass es jedoch auch bzgl. der kritischen Werte kein einheitliches Verständnis gibt, zeigen die Abgrenzungen des Instituts für Mittelstandsforschung (IfM) und der Europäischen Kommission:

---

[7] Vgl. Mugler (1993), S. 15
[8] Vgl. Gruhler (1994), S. 19
[9] Vgl. Bussiek (1994), S. 17
[10] Vgl. BMWi (2007), S. 9

Unternehmensgröße	Zahl der Beschäftigten	Umsatz € / Jahr
klein	< 10	< 1 Million
mittel	≥ 10 < 500	≥ 1 < 50 Millionen
Mittelstand (KMU) zusammen	< 500	< 50 Millionen

Tabelle 1: Mittelstandsdefinition des IfM Bonn (01.01.2002)[11]

Unternehmensgröße	Zahl der Beschäftigten	Umsatz € / Jahr	Bilanzsumme € / Jahr
		oder	
kleinst	< 10	≤ 2 Millionen	≤ 2 Millionen
klein	< 50	≤ 10 Millionen	≤ 10 Millionen
mittel	< 250	≤ 50 Millionen	≤ 43 Millionen
Mittelstand (KMU) zusammen	< 250	≤ 50 Millionen	≤ 43 Millionen

Tabelle 2: Mittelstandsdefinition der Europäischen Kommission (06.03.2003)[12]

Die Europäische Kommission ergänzt die o. a. quantitativ orientierte Unterscheidung um eine qualitative Voraussetzung, nach der es sich um ein eigenständiges Unternehmen handeln muss, d. h. um ein Unternehmen, dessen Beteiligungsgrad unter 25 % liegt.[13] „Mittelständische Unternehmen sind […] durch die Eigentümerstruktur charakterisiert. Entsprechend sind definitorisch die kleinen und mittleren Unternehmen (auch quantitative Mittelstandsdefinition) einerseits und die Familienunternehmen (qualitative Mittelstandsdefinition) zu unterscheiden."[14]

Neben den zuvor aufgeführten Definitionen muss die Klassifizierung des Mittelstandes durch die Softwareanbieter in Betracht gezogen werden. SAP z. B. spricht bei seinen Produkten für den Mittelstand von „Lösungen für kleinere und mittelständische Unternehmen", wobei einerseits die Differenzierung über die Mitarbeiterzahl erfolgt, andererseits aber über die aus der Unternehmensstruktur

---

[11] Quelle: IfM Bonn (o. J.), o. S.
[12] Quelle: EC (o. J.), o. S.
[13] Vgl. EC (2003), Punkt 9
[14] BMWi (2007), S. 9

und der benötigen IT-Infrastruktur gewachsenen Präferenzen. So werden hier Unternehmen mit 2.500 Mitarbeitern noch zu den kleinen und mittelständischen Unternehmen gezählt.[15] Einem ähnlichen Ansatz folgend, spricht das Softwarehaus Sage bei der Einteilung seiner Produktpalette von Lösungen für kleine Unternehmen, für mittlere Unternehmen und für den Mittelstand. Die Unternehmen werden nach Unternehmensgröße gestaffelt, wobei auch hier ein Augenmerk auf die Organisationsstruktur gelegt wird, so dass die Grenzen fließend sind. Im Sinne der o. a. quantitativen Definition werden Betriebe mit bis zu 1.000 Mitarbeitern angesprochen.

Die unterschiedlichen Größenkategorien in den quantitativen Mittelstandsdefinitionen zeigen die Komplexität eines einheitlichen Verständnisses des Zielsegments „Mittelstand". Im Rahmen dieser Arbeit ist eine quantitative Eingrenzung des Mittelstandes nicht entscheidend. Die Begriffe Mittelstand bzw. kleine und mittelständische Unternehmen oder kleine und mittlere Unternehmen (KMU) können daher synonym verwendet werden, wobei diese grundlegend als rechtlich, wirtschaftlich und finanziell selbstständige Unternehmen zu verstehen sind.

2.1.2 Bedeutung und Besonderheiten

Rund 3,4 Millionen Selbstständige und KMU sind in Handwerk, industriellem Gewerbe, Handel, Tourismus, Dienstleistungen und Freien Berufen wirtschaftlich aktiv. Mittelständische Unternehmen werden nicht grundlos als Rückgrat der deutschen Wirtschaft bezeichnet.[16] Sie

- stellen 99,7 % aller Unternehmen in Deutschland dar,
- erzielen 40,8 % aller steuerpflichtigen Umsätze,
- stellen 70,5 % der Arbeitsplätze und
- bilden 83,4 % aller Lehrlinge aus.[17]

KMU bewegen sich auf engen Märkten, die die Fähigkeit zu schnellen Reaktionen (Dynamik und Flexibilität) bei günstigen Konditionen (Effektivität und Effizienz)

---

[15] Vgl. SAP (2008), S. 11
[16] Vgl. BMWi (o. J.), o. S.
[17] Vgl. ebd.

unter Wahrung hoher Qualitätsstandards erfordern. Die Fähigkeit, diesen Anforderungen gerecht zu werden und mit deren steigendem Niveau zu wachsen, ist eine zentrale Voraussetzung zur Erzielung, Aufrechterhaltung und zum Ausbau eines Marktvorteils.

Ein wichtiges Merkmal des Mittelstandes ist die in der qualitativen Definition dargelegte Einheit von Eigentum und Unternehmensführung, womit der Unternehmer in den Vordergrund rückt. Wie die angesprochene Definition impliziert, prägen Familienunternehmen und Selbstständige das breite Feld des Mittelstandes. Hier übt der Inhaber einen starken Einfluss auf die operativen Abläufe im Unternehmen aus und gibt die strategischen Richtlinien des Geschäftes vor. Andererseits bildet das Unternehmen die Existenzgrundlage für den Inhaber, was in der Folge wiederum direkte Auswirkungen auf dessen unternehmerisches Handeln hat.[18]

Es herrschen schnelle Informationswege vor, überschaubare Personalstrukturen mit vielen persönlichen Kontakten, flache Hierarchien und Kontinuität in Führungspositionen. Die Verteilung von Daten und Informationen (bzw. Wissen) erfolgt dabei häufig „face-to-face"; daher existieren meist nur geringe, oft eher unstrukturierte Dokumentationen des Firmenwissens, vorhandene IT-Systeme werden oft nur unzureichend genutzt. Die flachen, wenig komplexen Strukturen wirken sich positiv auf den vorwiegend persönlichen Kundenkontakt aus, die Nähe zum Kunden wird zum bewahrenswerten Marktvorteil.[19]

2.2 Enterprise Resource Planning (ERP) - Systeme

2.2.1 Begriff und historische Entwicklung

„Das Akronym ERP steht für Enterprise Resource Planning und ist als Fortführung von MRP (Material Requirements Planning) und MRP II (Manufacturing Resource Planning) zu verstehen."[20]

---

[18] Vgl. Behringer (2004), S. 11

[19] Vgl. Worzyk (2006), S. 4 ff.; Vgl. Prilla / Ritterskamp (2007) S. 35 ff.

[20] Becker et al. (2005), S. 329

Der Begriff MRP hat seine Wurzeln in den 60er Jahren. Es handelt sich um einen batchorientierten Planungsprozess, bei dem die Kapazitäten noch unberücksichtigt bleiben. Im Vordergrund stehen Bedarfsermittlung, Disposition, Lagerung und Bereitstellung der zur Fertigung benötigten Teile.[21]

MRP II als Weiterentwicklung von MRP bildet die Grundlage der meisten Produktionsplanungs- und -steuerungs (PPS) – Systeme, die nun auch die Kapazitäten berücksichtigen und Terminierungen ermöglichen. Mit Hilfe eines Ressourcenabgleichs zwischen Personal, Material, Maschinen und Finanzmitteln auf unterschiedlichen Planungsebenen wird der Schritt von einem Informations- zu einem Managementsystem vollzogen.[22]

Weitere „Überlegungen zur Effizienzverbesserung resultierten in der Geschäftsprozessorientierung. Die hierfür notwendige, informationstechnische Unterstützung gelang Mitte der 90er Jahre durch die Entwicklung integrierter Informationssysteme."[23] Es wurde angestrebt, eine ganzheitliche Basis zu erschaffen, Unternehmensdaten zu vereinheitlichen und zu integrieren, um eine redundanzfreie Verarbeitung zu erreichen. Operative Funktionen wie z. B. Bestellung oder Warenbestandserhöhung wurden mit der wertorientierten Abrechnung und Verbuchung verknüpft. So konnten mit PPS-Systemen genauere Prognosen und Empfehlungen erstellt werden und die Unternehmensressourcen entsprechend gezielter verplant werden. Die Klasse der ERP-Systeme stellt eine Weiterentwicklung der MRP und MRP II-Systeme dar und realisiert die integrierte Informationsverarbeitung.[24]

Heute versteht man unter ERP „ein aus mehreren Komponenten bestehendes integriertes Anwendungspaket, das die operativen Prozesse in allen wesentlichen betrieblichen Funktionsbereichen unterstützt (Finanz- und Rechnungswesen, Personalwirtschaft, Materialwirtschaft, Produktion, Vertrieb). Die Integration wird dabei von einer zentralen Datenbank getragen, wodurch Datenredundanzen

---

[21] Vgl. VNL (o. J. a), o. S.
[22] Vgl. VNL (o. J. b), o. S.; Vgl. Unger et al. (2001), S. 6 ff.
[23] Scheer / Wert (2005), S. 14
[24] Vgl. Scheer / Wert (2005), S. 14

vermieden und integrierte Geschäftsprozesse ermöglicht werden."[25] In Abbildung 1 sind die historischen Wurzeln von ERP-Systemen zusammengefasst.

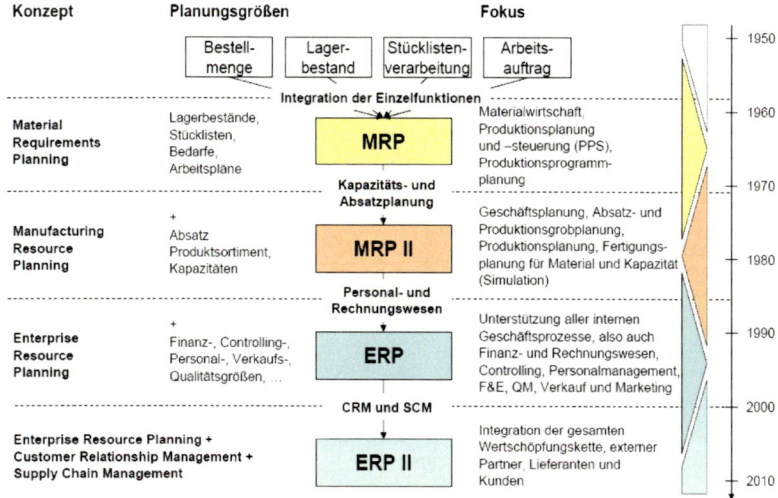

Abbildung 1: Historische Entwicklung von ERP-Systemen[26]

Die Prägung des ERP-Begriffs an sich erfolgte in den 90er Jahren durch die GartnerGroup. Diese skizzierte im Jahr 2000 eine neue ERP-Generation: ERP II (siehe Abbildung 1). Mit der Research Note „ERP Is Dead — Long Live ERP II"[27] wird darauf eingegangen, dass die Erweiterung klassischer ERP-Systeme um Funktionen zur Unterstützung zwischenbetrieblicher Prozesse notwendig ist. Kooperationen im Sinne des Supply Chain Management (SCM) gewinnen zunehmend an Bedeutung, so dass ERP-Systeme vor neue Herausforderungen gestellt werden.[28] Abbildung 2 stellt die wesentlichen Änderungen von ERP II gegenüber ERP dar.

---

[25] Hansen / Neumann (2005), S. 529

[26] Quelle: Grünwald (2007), S. 13

[27] Bond et al. (2000), S. 1

[28] Vgl. Fuchs (2007), S. 2

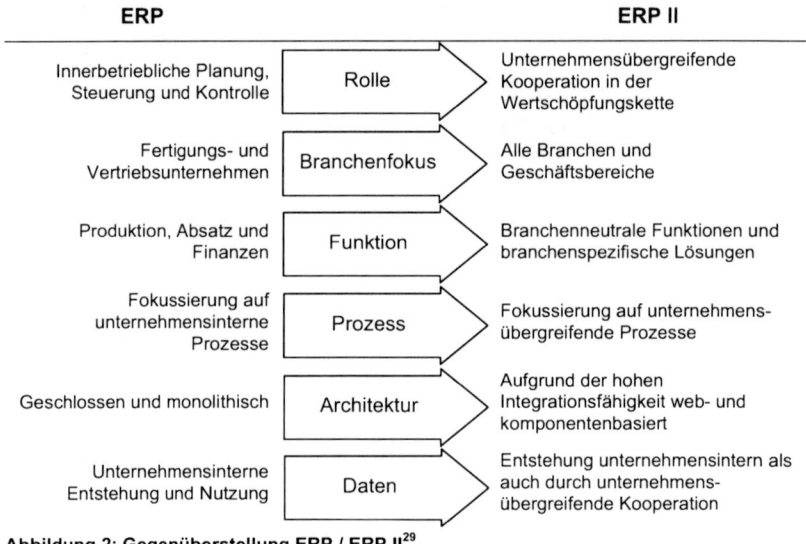

Abbildung 2: Gegenüberstellung ERP / ERP II[29]

Kennzeichnend ist, dass ERP II in allen verglichenen Bereichen offener ist und über die Grenzen des Einsatzes von ERP hinausgeht: z. B. von einer geschlossenen Architektur zu einer offenen web- und komponentenbasierten Architektur oder von einer rein innerbetrieblichen zu einer unternehmensübergreifenden Planung.

Die Erläuterung der Evolution der Systeme und des Übergangs von ERP zu ERP II ist für das Grundverständnis bzgl. der Weiterentwicklung in Umfang und Nutzen wichtig. Im weiteren Verlauf der Arbeit wird eine Unterscheidung zwischen ERP und ERP II jedoch nicht vorgenommen und unter dem Begriff ERP zusammengefasst.

2.2.2 Bestandteile von ERP-Systemen

Heute bezeichnet der Begriff ERP-System die in die IT-Landschaft integrierte, finanz- und warenwirtschaftlich orientierte Wertschöpfungskette. Im Laufe der Zeit kamen viele funktionale Ergänzungen in den Bereichen Personalwesen, Logistik,

---

[29] Quelle: Bond et al. (2000), S. 2

E-Business und Customer Relationship Management (CRM) hinzu.[30] Funktionsbereiche einer ERP-Software können sein[31]:

- Materialwirtschaft (Beschaffung, Lagerhaltung, Disposition, Bewertung),
- Produktion,
- Finanz- und Rechnungswesen,
- Controlling,
- Personalwirtschaft,
- Forschung und Entwicklung,
- Verkauf und Marketing,
- Stammdatenverwaltung.

„Nur eine durchgängige Verbindung mehrerer Anwendungsbausteine zu einem Geschäftsprozess erlaubt es, auf Schnittstellen zu verzichten und Daten nur einmal, am Entstehungsort, zu erfassen und in allen Komponenten weiterzuverarbeiten. Integrierte Datenbanken erfordern die Plausibilitätsprüfung aller Daten schon bei der Eingabe in das System."[32]

Geschäftsprozesse sind logisch abgeschlossene Vorgänge die in Aktivitäten gegliedert werden. Um sicherzustellen, dass die zugrunde liegende Datenbank bei jedem Durchlaufen eines relevanten Geschäftsprozesses (Durchlauf = Transaktion) von einem konsistenten Zustand in einen anderen konsistenten Zustand überführt wird, sind alle Aktivitäten, d. h. ist ein Geschäftsprozess stets vollständig oder gar nicht durchzuführen.[33] Die Anlage eines neuen Kundenauftrages (Transaktion) kann z.B. nur ordnungsgemäß abgewickelt werden, wenn die Kundenadresse in den Stammdaten gespeichert, bzw. aus den Stammdaten abgerufen werden kann, Art und Menge der Bestellung gespeichert sind und die entsprechenden Fakturierungsdaten angegeben wurden, also alle zugrunde liegenden Aktivitäten durchgeführt wurden.

---

[30] Vgl. FIBUmarkt (2007), o. S.
[31] Vgl. ebd.
[32] Frick et al. (2008), S. 2
[33] Vgl. Frick et al. (2008), S. 3

Um den Funktionsumfang und die unternehmerische Relevanz der ERP-Systeme darzulegen, werden im Folgenden ausgewählte Kern-Funktionsbereiche beispielhaft erläutert.

2.2.2.1 Finanzwesen

Das Bestreben nach einer softwareseitigen Darstellung des Finanzwesens, i. B. des externen Rechnungswesens, bildete den Anfang von betriebswirtschaftlicher Standardsoftware. Das externe Rechnungswesen besteht aus der Hauptbuchhaltung (GuV, Bilanz) und seinen Nebenbüchern (Debitoren- Kreditoren- und Anlagenbuchhaltung) und unterliegt den jeweils geltenden handels- und steuerrechtlichen Auflagen sowie den Veröffentlichungsvorschriften. Ergänzt wird das Finanzwesen um Module für die Finanzwirtschaft. Kernprozesse sind z. B.[34]:

- Verwaltung und Abrechnung der Kreditoren-, Debitoren- und Sachkonten,
- Zahlungen,
- Mahnungen,
- Verwaltung des Anlagevermögens,
- Abschreibung,
- Cash- und Treasury-Management,
- Finanzkonsolidierung.

2.2.2.2 Controlling

Das interne Rechnungswesen, das Controlling, beschäftigt sich mit der Planung, Kontrolle und Koordination von Unternehmensprozessen und bewertet diese zwecks Maximierung des Unternehmenserfolges. Informationslieferanten sind die Instrumente der Kosten- und Leistungsrechnung sowie der Investitionsrechnung. Zu den Kernprozesse gehören z. B.[35]:

- Absatz- und Ergebnisplanung,
- Kostenarten-, -stellen- und -trägerrechnung,
- Produktkosten- und Prozesskostenrechnung,
- Kostenumlage und Innenauftragsabwicklung,

---

[34] Vgl. Hesseler / Görtz (2007), S. 18-20; Shields (2002), S. 16
[35] Vgl. Hesseler / Görtz (2007), S. 20

- Ergebnis- und Deckungsbeitragsrechnung.

2.2.2.3 Beschaffung

Zu den logistischen Bereichen der ERP-Bestandteile gehört der Bereich der Beschaffung mit der Materialwirtschaft, Lagerverwaltung und Ein- und Verkauf. Neben der Bedarfsermittlung, dem Beschaffungsvorgang, der Lieferüberwachung sowie dem Wareneingang und dessen Kontrolle ist die Verwaltung der Lieferantenbeziehungen unter dem Begriff des Supply Chain Management (SCM) immer wichtiger geworden. Kernprozesse sind z. B. [36]:

- Materialdatenverwaltung,
- Materialdisposition,
- Bestellanforderungs- und Lieferantenanfragenbearbeitung,
- Kontrakt- und Rechnungsbearbeitung,
- Warenein- und -ausgangsbearbeitung.

2.2.2.4 Vertrieb

Auftragserfassung und Versand sind die Aufgaben der Vertriebsmodule. Viele Produkte bieten eine Unterstützung von Distribution Requirements Planning (DRP) – Funktionen. Mit DRP kann z. B. die Verfügbarkeit von Lagerbeständen geprüft und eine standortübergreifende Auftragsabwicklung realisiert werden. Die Auftragserfassung ist einer der während der Implementierung am meisten modifizierten, somit kritischsten Bereiche. Unabhängig davon, wie viele Optionen eine Standard-Software bereithält, passt sie selten zu dem im Unternehmen praktizierten Workflow.[37]

2.2.2.5 Produktion

Bei Unternehmen des produzierenden Gewerbes können die ERP-Bereiche des Weiteren mit PPS-Modulen ergänzt und unterstützt werden. Kernprozesse für die Produktion sind z. B.:

- Arbeitsplan- und Stücklistenverwaltung,
- Absatz- und Ressourcenverwaltung,

---

[36] Vgl. Hesseler / Görtz (2007), S. 21

[37] Vgl. Shields (2002), S. 17; Vgl. Klüpfel / Mayer (2007), S. 6

- Materialbedarfsplanung,
- Fertigungsauftragsfeinplanung, -freigabe, -durchführung, -rückmeldung und -abrechnung.

Das Augenmerk liegt hier u. a. auf der Erreichung höherer Transparenz und Auskunftsbereitschaft, kürzerer Durchlaufzeiten, der Optimierung der Kapazitätsauslastung und der Reduzierung der Lagerbestände.[38]

2.2.2.6 Personalwesen

Der Bereich Personalwesen, heute auch Human Resources genannt, gehört erst seit jüngerer Zeit zu dem möglichen Funktionsumfang eines ERP-Systems. Neben der Lohn und Gehaltsabrechnung sowie der Verwaltung der Mitarbeiterdaten gehören zu den Aufgaben und Funktionen des Human Resource Management noch zahlreiche weitere Aufgaben, welche u. a. die Karriereplanung und die Rekrutierung neuer Mitarbeiter umfassen. Zu weiteren Kernprozessen für diesen Aufgabenbereich können folgende Beispiele genannt werden[39]:

- Mitarbeiterversetzungen und Stellenbesetzungen,
- Karriereplanung und Personalentwicklung,
- Weiterbildungs- und Schulungsmaßnahmen,
- Reisemanagement und -abrechnungen,
- Arbeitgeberleistungen und Zeitwirtschaft,
- Entgeltermittlung und Gehaltsanpassungen,
- Freiwillige Leistungen und Betriebsrenten.

2.2.2.7 Stammdaten

In allen vorgenannten ERP-Bereichen kommt den Stammdaten eine zentrale Bedeutung zu. Unternehmens-, Kunden-, Material-, Leistungs- und Lieferantenstammdaten sind der Kern der zentralen Datenerfassung und die Basis für automatisierte Transaktionen. Ihre Verwaltung kann in den jeweiligen Modulen und/oder zentral angesiedelt sein. Zu Unternehmensstammdaten gehören z. B. die Länderzugehörigkeit mit der Spracheinstellung und dem Währungskennzeichen

---

[38] Vgl. Hesseler / Görtz (2007), S. 22; Vgl. Klüpfel / Mayer (2007), S. 13
[39] Vgl. Hesseler / Görtz (2007), S. 23

sowie der zugrunde liegende Steuersatz für Lieferungen- und Leistungen. Die Materialstammdaten enthalten mit dem Artikelstamm z. B. Informationen zu den Baugruppen, Endprodukten, Einzelteilen, Hilfs- und Betriebsstoffen. Stücklisten bilden die Produkte in ihren Einzelteilen ab, Fertigungsprozesse werden durch Arbeitspläne beschrieben. Die Betriebsmittelstammdaten enthalten die zur Produktion notwendigen Ressourcen aus Werkzeugen, Maschinen und Personal.[40]

2.3 Herleitung des Begriffs On-Demand-Software

2.3.1 Softwarearchitektur

Der Begriff „Architektur" in Zusammenhang mit Software muss anders betrachtet werden als z. B. der für die Architektur im Bauwesen. Einem Gebäude kann von außen betrachtet eine „gelungene Architektur" zugesprochen werden, in Bezug auf Software sagt der Blick auf die Benutzeroberfläche allerdings nichts über die Softwarearchitektur aus. Ihre Stärken und Schwächen zeigt die Softwarearchitektur in dem Moment, wo Anpassungen, ob klein oder groß, vorgenommen werden müssen. Sind die Komponenten dokumentiert und fachlich abgegrenzt, sind die Schnittstellen klar definiert? Die Definition des Begriffs „Softwarearchitektur" findet in der Literatur verschiedene Ansätze, im Rahmen dieser Arbeit soll der viel zitierte Ansatz von Bass et al.[41] verwendet werden:

„The software architecture of a program or computing system is the structure or structures of the system, which comprise software elements, the externally visible properties of those elements, and the relationships among them."[42]

Durch die Softwarearchitektur wird das Zusammenspiel der System-Komponenten und -Schnittstellen einer Software und deren Beziehung untereinander beschrieben. Ein Ansatz, die Softwarearchitektur genauer zu beschreiben, ist die Aufteilung in zwei Sichten: die Anwendungs- und die Technikarchitektur. Die Anwendungsarchitektur strukturiert die Software aus Sicht der Anwendung, die Elemente der Software werden ohne Bezug zur Technik entworfen. Wichtig ist die genaue Kenntnis der fachlichen Abläufe. Analog zur Anwendungsarchitektur

---

[40] Vgl. Rey et al. (2002), S. 14 ff.
[41] Vgl. u. a. Gorton (2006), S. 2; Siedersleben (2004), S. 3
[42] Bass et al. (2003), S. 3

beschreibt die Technikarchitektur den sachgemäßen Umgang mit der Technik, sie verbindet die Anwendungsarchitektur mit der technischen Infrastruktur (TI) und beschreibt die Komponenten einer Software, die von der Anwendung unabhängig sind. Die Technikarchitektur ist für die ordnungsgemäße Integration der Anwendungsarchitektur zuständig.[43]

2.3.2 Service Oriented Architecture (SOA)

Die Entwicklung der Ansätze für Softwarearchitekturen führte zu dem derzeit allgegenwärtigen Software-Architektur-Paradigma der „Service-Orientierten Architektur", aus dem Englischen von „Service-Oriented Architecture" (SOA). Der Begriff SOA ist bereits über 10 Jahre alt. Das IT-Marktforschungsunternehmen Gartner Research befasste sich in der Research Note SPA-401-068 „Service-Oriented Architecture" aus dem Jahr 1996 zum ersten Mal mit dem neuen Konzept.[44]

Da das Verständnis von SOA jeweils nur rein subjektiv beschrieben werden kann, konnte sich bis heute noch keine allgemeingültige Definition einer SOA etablieren. Die Definition variiert je nach Betrachter: ist dieser z. B. selbst ein Softwareanbieter, so wird die Definition u. U. die Elemente seines Produktes beschreiben und/oder unterstützen. Der Ansatz von Barry & Associates, Berater in Sachen Softwarearchitektur, lautet z. B.:

„A service-oriented architecture is essentially a collection of services. These services communicate with each other. The communication can involve either simple data passing or it could involve two or more services coordinating some activity. Some means of connecting services to each other is needed."[45]

Die Idee einer SOA wird von den Softwarehäusern verfolgt, aber, mangels einer allgemeingültigen Definition, unter verschiedenen Namen beschrieben. IBM spricht von „Smart SOA" als „geschäftsorientierter IT-Architekturansatz, der die Integration [des] .. Unternehmens als verknüpfte, wieder verwendbare Geschäftsanwendungen oder -services unterstützt."[46] SAP bewirbt ihr SOA-Konzept seit dem

---

[43] Vgl. Siedersleben (2004), S. 145 f.
[44] Vgl. Liebhart (2007), S. 6
[45] Barry & Associates (o. J.), o. S.
[46] IBM (o. J.), o. S.

Jahr 2006 mit dem Namen „Enterprise SOA" und versteht es als ein Instrument zur Abbildung betrieblicher Prozesse.[47] Auch Infor wirbt mit SOA, nennt seinen Ansatz „Infor Open SOA" und bewirbt diesen als ein ereignisgesteuertes, serviceorientiertes Architekturmodell, in dem vollständig aufeinander abgestimmte Anwendungen die IT-Komplexität verschlanken.[48] Oracle benennt seinen Ansatz „Oracle SOA Suite" und versteht ihn als Architektur, welche die Generierung von verbundenen Unternehmens-Anwendungen unterstützt und den Aufbau von Unternehmens-Anwendungen als modulare Web-Services erleichtert.[49] Sage Bäurer hat für seinen SOA-Ansatz die Bezeichnung bäurer open access (BOA) gewählt, um sein Konzept von Offenheit, Unabhängigkeit und Kontinuität durch Plattformunabhängigkeit und die Eliminierung von Technologiebrüchen zu unterstreichen.[50]

SOA ist ein Paradigma, das abstrakte Konzept einer Softwarearchitektur, für das es noch keine Governance gibt. Dienste, bzw. Services, werden über ein Netzwerk angeboten, gesucht und genutzt. Kernaspekte einer SOA sind[51]:

- die lose Koppelung von Diensten,
- das dynamische Einbinden von Funktionalitäten,
- die Registrierung der Dienste in einem Verzeichnisdienst,
- die Verwendung von offenen Standards,
- das Einfachheitsprinzip,
- die Sicherheit.

„Das wichtigste Element einer SOA ist der Service als standardisierte Darstellung von Funktionalität. ... Ein Service ist [in diesem Zusammenhang] eine sich selbst beschreibende, offene Komponente, die eine schnelle und kostengünstige Zusammenstellung von verteilten Applikationen ermöglicht."[52] Der Unterschied zu

---

[47] Vgl. SAP (o. J. a), o. S.
[48] Vgl. Infor (2008a), o. S.
[49] Vgl. Oracle (2006a), S. 7 ff.
[50] Vgl. Sage (o. J. b), o. S.
[51] Vgl. Melzer et al. (2007), S. 7 ff.
[52] Liebhart (2007), S. 8

den Prinzipien anderer Softwareparadigmen besteht darin, dass komplette betriebliche Aufgaben durch Servicefunktionen repräsentiert werden.[53]

Wird SOA konsequent angewandt, so ist es möglich, mehrere Systeme zu einem Ganzen zusammenzufassen. Wo das ERP-System des einen Anbieters aufhört, kann durch die klar definierten Schnittstellen ein anderes Produkt weitermachen, ggf. auch ein Produkt eines weiteren Anbieters. IBM bietet z. B. mit seiner Software WebSphere eine so genannte Middleware an, welche zwischen verschiedenen Anwendungen vermittelt. IBM verspricht eine einfachere und schnellere Kommunikation zwischen den Services des SOA-Kerns. Der Enterprise-Service-Bus (ESB) verbindet Services, wandelt Nachrichten um und vermittelt ggf. auch zwischen Services.[54]

Dieses unkomplizierte Verbinden, „Orchestrieren", von Services setzt entsprechende Konventionen bei den Anwendungsschnittstellen voraus, um diese als Service im Rahmen einer SOA verwenden zu können. Zunächst muss die Schnittstelle auf der Protokollebene erreichbar sein, dann gilt des Weiteren auf fachlicher Ebene:

- wenige, allgemeine, fachliche Services sind besser als viele spezielle, fein gegliederte Services,
- ein fachlicher Service sollte keinen Hinweis auf das implementierende System preisgeben,
- ein mehrmaliger Aufruf des Service mit denselben Parametern muss jeweils denselben Output erzeugen und
- ein Service darf kein Konzept einer user session haben.

Ein Service darf nicht zu komplex werden, er muss so geschnitten sein, dass er sinnvoll in einer technischen Transaktion abzuarbeiten ist.[55]

Abstrahiert man SOA ohne Technologie auf eine Wertschöpfungskette, so lässt sich diese als eine Aneinanderreihung von aufeinander abgestimmten Dienstleistungen (Services) oder auch als Folge der Nutzung von Services betrachten. Jeder Service trägt direkt bzw. indirekt zur Wertschöpfung bei. Mit

---

[53] Vgl. Juhrisch / Esswein (2008), o. S.
[54] Vgl. IBM (2008), o. S.
[55] Vgl. Wagner (2006), S. 2

geeigneten Regeln und Prozessen können die einzelnen Services zu einer serviceorientierten Organisation orchestriert werden, um eine flexible und effiziente Leistungserbringung zu erreichen. Neben der Flexibilität in der Anpassung der Wertschöpfungskette bietet SOA den weiteren Vorteil, dass auf die Services aus allen Wertschöpfungsprozessen heraus zugegriffen werden kann. Somit braucht jede Funktionalität nur einmal realisiert und kann mehrfach verwendet werden. Wird für eine bestimmte Funktionalität ein Patch oder Update benötigt, so ist nur eine einzige zentrale Änderung notwendig und nicht jeweils eine Änderung in jeder Anwendung.[56]

2.3.3 Software as a Service (SaaS) / On-Demand-Software

Software as a Service (SaaS) beschreibt das Beziehen und Nutzen von Anwendungssoftware im Unternehmen, die weder selbst gekauft noch betrieben wird. Die Software läuft auf den Servern der Anbieter und wird über das Internet zur Nutzung bereitgestellt, auf diesem Weg bietet sich die Möglichkeit, Software zu vermieten. Einer der ersten Anbieter mit einem SaaS-Modell war Salesforce mit ihrer Unternehmens-Software Salesforce-CRM. Die Idee wurde am Anfang mit Skepsis betrachtet, hat sich aber heute mit der Weiterentwicklung des Internets und seiner Technologie etabliert.[57] Salesforce bietet sein Produkt heute als On-Demand-Geschäftslösung an.[58]

Mit „On-Demand-Software" wird i. d. R. das auf SaaS basierte Vertriebsmodell auf Mietbasis beschrieben, das Gegenstück dazu ist „On-Premise-Software", abgeleitet von dem englischen Wort „premises", also Software, die an Ort und Stelle installiert wird. Der Begriff On-Demand impliziert die Option, bei Bedarf die bereits genutzten Funktionen, gewissermaßen per „click-and-rent", zu ergänzen. In der Literatur taucht häufig eine Vermengung der beiden Begriffe SaaS und On-Demand auf, teilweise wird der gleiche Ansatz mit einem neuen Begriff umschrieben. So spricht Microsoft von seiner Lösung als „Software plus Service", die Software läuft auf den Servern bei Microsoft, bzw. auf den Servern eines Microsoft Certified Partner, und

---

[56] Vgl. Beckert (2008), o. S.
[57] Vgl. Frackowiak (2007), o. S.
[58] Vgl. Salesforce (o. J.), o. S,

wird den Kunden via Internet zur Verfügung gestellt, eben nach dem SaaS-Prinzip.[59]

Das Prinzip „Software as a Service" kann man auch als eine „One-to-many"-Lösung beschreiben: Die Verteilung von einer Software-Lösung an viele User. In den Alltag hat dieses Prinzip schon Einzug gefunden, z. B. Internet-Shops: Auktionshäuser oder auch Versicherungsanbieter stellen ihre Software via Internet dem Kunden zur Verfügung. Eine echte Mietlösung liegt aber erst dann vor, wenn die Software sozusagen wie Strom aus der Steckdose abgenommen werden kann. SaaS muss z. B. vom Application Service Providing (ASP) abgegrenzt werden.

Beim ASP ist die Anwendung eines Kunden beim Anbieter installiert und wird dort auch administriert. Dieser kümmert sich um Updates, Patches, Datensicherung, usw. Die Anwendung wird dann über eine Datenleitung zur Verfügung gestellt und der Informationsaustausch mit dem Kunden erfolgt über ein öffentliches oder privates Netz. Es handelt sich um eine dezentrale Installation mit Administrations-Service, eine Erweiterung des Application-Hosting; jeder Kunde erhält seine eigene Plattform. Beim SaaS dagegen werden viele Kunden von einer plattformbasierten Lösung über das Internet versorgt. Dadurch wird der Serviceaufwand beim Anbieter gesenkt und entsprechend die Kosten für Anbieter und Kunde gemindert.[60]

Im weiteren Verlauf der Arbeit wird On-Demand-Software als eine über das Internet, im Rahmen von Services, zu beziehende Software auf Mietbasis verstanden. Diese wird bei dem jeweiligen Anbieter über eine zentrale Plattform betrieben und kann mehrere Kunden bedienen. Des Weiteren wird die wörtliche Bedeutung von On-Demand so verstanden, dass die Software auf Anforderung zur Verfügung steht und einen hohen Grad an Flexibilität in Bezug auf die Kombination von Funktionsbereichen bietet.

---

[59] Vgl. Microsoft (o. J. a), o. S.
[60] Vgl. Lixenfeld (2008), o. S.

3 Betrachtung der Marktsituation

3.1 KMU als Abnehmermarkt

3.1.1 Anforderungen von KMU an ERP-Systeme

Anders als im Segment der Großunternehmen, bei denen es mittlerweile zu einer „Sättigung" auf dem ERP-Markt gekommen ist, besteht im Segment kleiner und mittelständischer Unternehmen noch Nachholbedarf hinsichtlich des Einsatzes von ERP-Systemen. Hier ist fast jedes fünfte im Einsatz befindliche Programm eine Individuallösung.[61] Oft wird das Thema ERP-Unterstützung gänzlich ausgeblendet, wie das Ergebnis verschiedener Umfragen verdeutlicht. Laut einer Umfrage der Initiative Netzwerk Elektronischer Geschäftsverkehr (NEG) fehlt den kleinen und mittleren Unternehmen bei dem Einsatz von Software die Orientierung. In der Folge setzen z. B. rund 35% der Unternehmen mit weniger als 50 Mitarbeitern kein ERP-System ein.[62]

Dies führt dazu, dass der Mittelstand in der jüngsten Zeit von Softwarehäusern als neue Zielgruppe entdeckt, bzw. die alte Zielgruppe „Mittelstand" neu definiert und stärker forciert wird.[63] Die in der Regel für Großunternehmen konzipierten Standard-Software-Pakete erscheinen für KMU zu komplex, zu teuer, zu wenig branchenspezifisch sowie zu wenig frei konfigurierbar.

Bezogen auf die Besonderheit von KMU, sich mit flachen Strukturen in engen Märkten zu bewegen, wird der Blick auf die jeweiligen branchenspezifischen Geschäftsprozesse unerlässlich. Gerade, weil jede KMU eine individuelle Ausrichtung hat, muss jeweils eine ganzheitliche und flexible Abbildung der Geschäftsprozesse realisiert werden können. Die Flexibilität bedeutet, dass bei einer Neuorientierung, sei es aus geschäfts- oder marktpolitischer Entscheidung, in absehbarer Zeit die Modifizierung der Unternehmensprozesse gewährleistet werden kann. Da gerade in den Nischenmärkten schnelle Reaktionen zu günstigen Konditionen Marktvorteile schaffen, ist die schnelle und kostengünstige

---

[61] Vgl. Hesseler / Görtz (2007), S. 53 f.
[62] Vgl. NEG (2007), o. S.
[63] Vgl. Hesseler / Görtz (2007), S. 53 f

Implementierung einer Geschäftssoftware unerlässlich. Des Weiteren soll die Geschäftssoftware langfristiges Wachstum gewährleisten und unterstützen, sowie gesetzliche Standards wahren und sichern.[64] Zusätzlich ist zu betrachten, dass der Funktionsumfang von ERP-Systemen immer mehr zunimmt, was sich auch bei den Kunden innerhalb der KMU widerspiegelt. Es wird immer mehr Wert auf Schnittstellen gelegt, welche die Systeme mit weiteren Produkten, ggf. auch von Drittanbietern, kombinierbar machen. Hier sind z. B. Schnittstellen für Dokumenten Management Systeme (DMS), Customer Relationship Management (CRM), Produkt Daten Management- oder auch CAD-Software zu nennen.[65]

Gemäß einer Analyse der nGroup kristallisieren sich drei Trends in Bezug auf Kundenwünsche bei ERP-Standardlösungen im Mittelstand heraus:

1. KMU legen besonders Wert auf eine schnelle und sichere Einführbarkeit der Lösung; das Produkt sollte die meisten Anforderungen im Standard beinhalten, so dass möglichst wenig individuelle Anpassungen vorgenommen werden müssen.
2. Die Offenheit der Unternehmensplattform ist ein nächster entscheidender Punkt. Die Einbindung der Angebote von Kooperationspartnern in die eigene Angebotspalette ist hier als Beispiel zu nennen.
3. Der Ausbau der eBusiness-Strategie rückt ebenfalls weiter in das Interesse des Mittelstandes. Z. B. vermeiden an Warenwirtschaftssysteme gekoppelte WebShops redundante Datenpflege und gewährleisten die Aktualität der Angebotspalette.

Die drei Trends zusammengefasst unterstreichen den Wunsch des Mittelstandes, die Komplexität durch Einführung und Benutzung von ERP-Standardlösungen zu reduzieren.[66]

---

[64] Vgl. Moser (2004), S. 19
[65] Vgl. Niemann / Bayer (2008), o. .S.
[66] Vgl. Rietzke (2008), o. S.

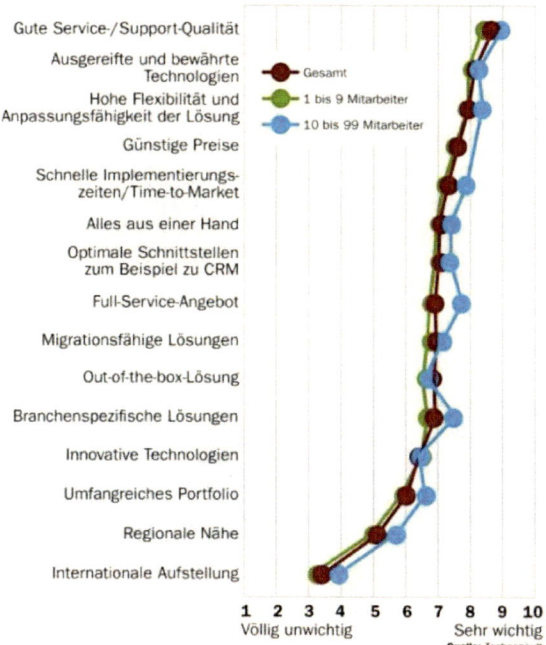

Abbildung 3: Kriterien für die Auswahl von Softwarelieferanten[67]

Eine Umfrage der TechConsult GmbH bei Unternehmen mit weniger als 100 Mitarbeitern zeigt, dass Service- und Support-Qualität, hohe Anpassungsfähigkeit der Lösung und günstige Preise Hauptkriterien bei der Auswahl eines Softwarelieferanten sind (siehe Abbildung 3). Zusätzlich kristallisiert sich hier der Wunsch nach ausgereiften und bewährten Technologien heraus.

In diesem Zusammenhang muss zusätzlich hervorgehoben werden, dass der Mittelstand normalerweise nicht dafür prädestiniert ist, neue Technologien einzusetzen: er gilt nicht als „Early Adopter". Auf der anderen Seite wächst auch im Mittelstand der Trend, das Hosting von Anwendungen an externe Dienstleister abzugeben.[68]

---

[67] Quelle: Schambach (2007), o. S.
[68] Vgl. Experton Group (2007), o. S.

Gemäß einer Studie des Technology Evaluation Center (TEC) und des Anbieters Agresso fühlen sich 70% der befragten Unternehmen mit ihrer derzeit eingesetzten Lösung in einer Kostenfalle (siehe Abbildung 4): sie investieren kontinuierlich, um die Applikation entsprechend den neuen Bedürfnissen anzupassen.[69]

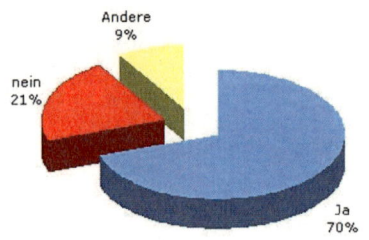 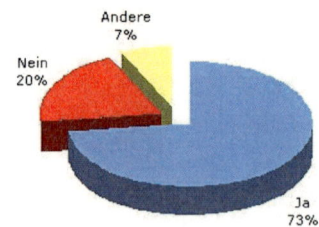

Abbildung 4: Kostenfalle ERP-Systeme[70]

3.1.2 Betrachtung der eingesetzten Systeme

Gemäß einer Untersuchung der Raad Research sind ein Drittel aller ERP-Lösungen bereits seit ca. 10 Jahren im Einsatz. Ein weiteres Drittel wechselt seine ERP-Software alle fünf Jahre aus (siehe Abbildung 5). Entsprechend kann man davon ausgehen, dass etwa die Hälfte der länger am Markt bestehenden KMU veraltete Soft- und Hardware, bzw. eine veraltete System-Architektur einsetzen.

---

[69] Vgl. Wolff (2007), o. S.

[70] Quelle: Wolff (2007), o. S.

Mittelstand

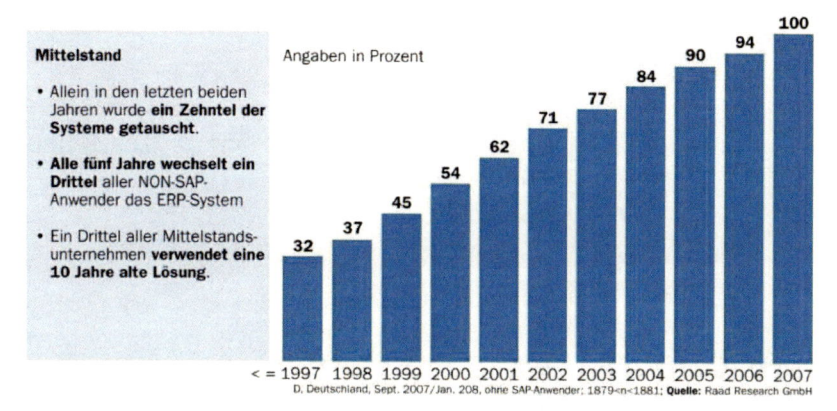

- Allein in den letzten beiden Jahren wurde **ein Zehntel der Systeme getauscht.**
- **Alle fünf Jahre wechselt ein Drittel** aller NON-SAP-Anwender das ERP-System
- Ein Drittel aller Mittelstandsunternehmen **verwendet eine 10 Jahre alte Lösung.**

Angaben in Prozent

< = 1997: 32; 1998: 37; 1999: 45; 2000: 54; 2001: 62; 2002: 71; 2003: 77; 2004: 84; 2005: 90; 2006: 94; 2007: 100

D. Deutschland, Sept. 2007/Jan. 208, ohne SAP-Anwender; 1879<n<1881; **Quelle:** Raad Research GmbH

Abbildung 5: Umfrage Systemwechsel bei ERP-Lösungen[71]

Zwar kann theoretisch eine vorherrschende, heterogene Systemlandschaft mit Hilfe des SOA-Konzeptes step-by-step abgelöst und zusammengeführt werden. Aus Kostengründen ist diese Art der Umstellung des Alt-Systems für KMU jedoch eher unattraktiv. Daher ist der Unternehmer schon aus rein wirtschaftlichen Gründen gezwungen, sich nach einem neuen ERP-System umzusehen. Ist eine Modernisierung der Systemlandschaft gewünscht, sollte bei der Softwareauswahl auf einen entsprechenden SOA-Ansatz geachtet werden.[72] Eine Umfrage des Marktforschungsinstituts IDC zeigt allerdings, dass bei der Auswahl eines neuen ERP-Systems dem Kriterium „SOA-Plattform" am wenigsten Wert beigemessen wird (siehe Abbildung 6).

Vergleicht man die Daten mit der Umfrage der TechConsult GmbH (siehe Abbildung 3), so muss man daraus schließen, dass sich das SOA-Konzept, obwohl schon mehrere Jahre bekannt, noch nicht im Zielsegment KMU durchgesetzt hat.

---

[71] Quelle: Bayer (2008), o. S.

[72] Vgl. Siegenthaler / Schmid (2006), S. 64

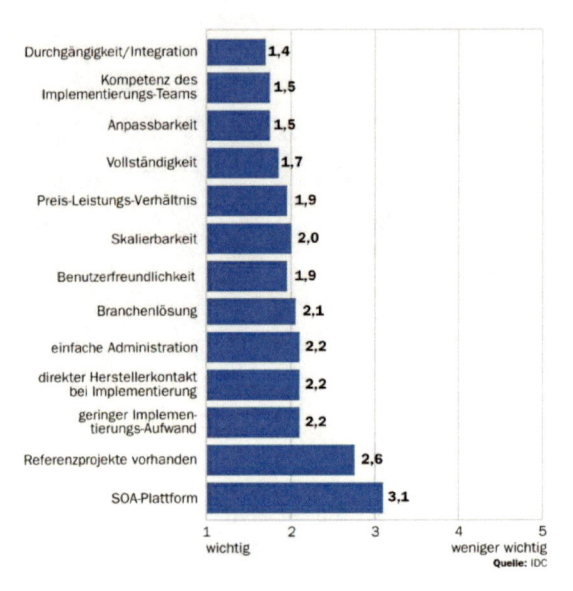

Kriterium	Wert
Durchgängigkeit/Integration	1,4
Kompetenz des Implementierungs-Teams	1,5
Anpassbarkeit	1,5
Vollständigkeit	1,7
Preis-Leistungs-Verhältnis	1,9
Skalierbarkeit	2,0
Benutzerfreundlichkeit	1,9
Branchenlösung	2,1
einfache Administration	2,2
direkter Herstellerkontakt bei Implementierung	2,2
geringer Implementierungs-Aufwand	2,2
Referenzprojekte vorhanden	2,6
SOA-Plattform	3,1

(Skala: 1 wichtig – 5 weniger wichtig; Quelle: IDC)

Abbildung 6: Auswahlkriterien für ein neues ERP-System[73]

3.1.3 On-Demand-Software für KMU

3.1.3.1 Einsatzbereich von SaaS

Gesunkene Verbindungsentgelte, höhere Bandbreiten und Neuerungen bei Web-Werkzeugen begünstigen den Einsatz von SaaS, allerdings muss berücksichtigt werden, dass SaaS nicht im kompletten Umfang für jedes Unternehmen und jeden Geschäftsprozess geeignet ist. Eine Standardisierung aller Varianten von Betriebssystemen, Middleware und Infrastruktur-Software ist zu dem jetzigen Zeitpunkt noch nicht denkbar, daher sollte ein Einsatz sorgfältig abgewogen werden. Denkbare Einsatzgebiete für SaaS sind zunächst Anwendungen, die

- keine unternehmenskritischen Daten verwalten,
- keine hohen Sicherheitsanforderungen haben,
- einen verteilten Anwenderkreis haben,
- keiner Integration mit On-Premise-Anwendungen bedürfen und
- ohne größere Anpassungen eingesetzt werden können.

---

[73] Quelle: Bayer (2007), o. S.

Mit zunehmender Reife werden auch immer mehr unternehmenskritische Applikationen in Frage kommen.[74]

3.1.3.2 SaaS: Vor- und Nachteile für KMU

Das SaaS-Modell bietet dem Kunden die Möglichkeit, auch ohne oder mit einer kleinen IT-Abteilung eine Unternehmenssoftware wie z. B. CRM- oder ERP-Systeme einzusetzen, ohne Spezialisten für Administration, Backup, Sicherheit, Notfallrechenzentren, usw. beschäftigen zu müssen. Speziell für kleine und mittlere Unternehmen sind die Mehrausgaben für eine entsprechende IT-Abteilung incl. IT-Infrastruktur u. U. existenzkritisch. Im SaaS-Modell ist im Prinzip nur ein Internet-Breitband-Zugang notwendig, um die Dienste des SaaS-Anbieters nutzen zu können. Der SaaS-Nutzer braucht sich des Weiteren nicht um technische Neuerungen für die Softwareplattform zu kümmern, um den künftigen Betrieb der Software zu gewährleisten: das liegt im Aufgabenbereich des SaaS-Anbieters. Entsprechend hat der SaaS-Nutzer Zeit, sich auf seine unternehmerische Kernkompetenz zu konzentrieren.

Die Kosten für zusätzliche Hardware, Server-, Netz-, Wartungssoftware und entsprechende Lizenzen werden durch das SaaS-Modell auf einen monatlichen Mietzins reduziert und der SaaS-Nutzer kann künftige Kosten genauer in die Liquiditätsplanung mit einkalkulieren.

Auf der anderen Seite begibt der SaaS-Nutzer sich in ein Abhängigkeitsverhältnis. Er hat nicht mehr die alleinige Macht über die Verfügbarkeit der Daten: auch wenn die Verfügbarkeit vom SaaS-Anbieter garantiert wird, kann ein Systemausfall oder ein Problem bei dem Internet-Dienstleister u. U. zu einem geschäftskritischen Vorfall werden (siehe Tabelle 3).

---

[74] Vgl. Computerwoche (2008b), o. S.; Vgl. Schindler (2008), o. S.

Mögliche Vorteile für Anwender	Mögliche Nachteile für Anwender
Fokussierung auf unternehmerische Kernkompetenzen	Abhängigkeit vom Dienstleister
Liquidität, Cash Flow	Verfügbare Bandbreiten, Beitragsanpassungen, Verbindungsentgelte
Flexible Anbieterwahl bei zunehmender Standardisierung	Standardisierung statt Innovation
Skalierbarkeit bei sprungfixen Kosten	Netz- und Datensicherheit kritisch
Risikotransfer zum Dienstleister	Interne Organisationsänderungen, interne Verrechnung
Kurze Kündigungsfristen für Kunden	Kurze Kündigungsfristen für Dienstleister

Tabelle 3: Mögliche Vor- und Nachteile von SaaS[75]

Für KMU sind an dem Vertriebsmodell SaaS besonders drei Kriterien zu betrachten: die Kosten, die eigenen IT-Fachkräfte und vorherrschende Altanwendungen. Der Bereich Kosten ist klar strukturiert und verspricht eine Reduzierung der IT-Kosten um den Faktor 5 bis 10. Des Weiteren wird mit dem SaaS-Modell die IT-Mannschaft gewissermaßen eingekauft: der SaaS-Anbieter kümmert sich um Sicherheitsbelange, Anti-Spam-Maßnahmen, Datensicherung und -verwahrung, usw., also um alle Aspekte, die spezialisiertes Know-how benötigen, und für die KMU unverhältnismäßige Kosten bedeuten, wenn sie sich selbst um diese Themen kümmern müsste. Unter Altanwendungen sind auch Lösungen zu verstehen, die z. B. auf einer Excel-Lösung oder einer kleinen Access-Datenbank basieren. Hier ist die Hemmschwelle, die Organisation durch die Einführung eines ERP-Systems zu unterstützen, vergleichsweise gering.[76]

Nach einer Studie der IDG Business Media aus Oktober 2007 fürchten fast 64% der Befragten eine zu hohe Abhängigkeit vom Serviceanbieter, mehr als 30% haben Sicherheits- und Integrationsbedenken. Tatsache ist, dass im November 2007 Salesforce in einer Mail an seine Kunden einräumen musste, dass es zu Viren- und Phishing-Attacken gekommen ist. Durch den Auslagerungsprozess der IT befürchten über 35% einen Know-how-Verlust innerhalb der eigenen IT-Abteilung und mehr als 36% gaben an, sich vor Systemausfällen und einer mangelnden Verfügbarkeit der Lösung zu fürchten.[77]

---

[75] Quelle: Experton Group (2008), o. S.
[76] Vgl. Konrad (2007), o. S.
[77] Vgl. Lixenfeld (2008), o. S.

Die TechConsult GmbH hat den Markt ebenfalls auf Vor- und Nachteile der SaaS-Technologie analysiert. Die Ergebnisse ihrer Untersuchung wurden in folgender SWOT-Analyse zusammengetragen:

Stärken	Schwächen
- Keine Kapitalbindung für eigene Hardware und Software - Austauschbarkeit - Skaleneffekt beim Anbieter nutzen vor allem kleinere Anwender - Freiwerdende Kapazitäten im IT-Betriebsbereich können für strategische Projekte genutzt werden	- Abhängigkeit vom Anbieter während der Vertragslaufzeit - Integration in bestehende Systeme - Kontrollmöglichkeiten - Eingeschränkte Anpassungsmöglichkeiten
Möglichkeiten	**Hindernisse**
- Freies Kapital und Konzentration auf Kerngeschäft - Kosten für IT besser kalkulierbar - Mittelfristig mehr Flexibilität bei Wechsel der Applikation - Auswahl der Anwendungen eher nach betriebswirtschaftlicher Funktionalität als nach Kompatibilität in die bestehende IT Infrastruktur	- Datenweitergabe an Dritte - Ausfallrisiko - Systemausfälle - Langfristige Finanzkraft des Anbieters - u. U. lange Vertragslaufzeiten ohne Anpassungsmöglichkeit nach unten - Nutzer Support, fehlendes In-house Know-how

Tabelle 4: SWOT-Analyse SaaS[78]

3.1.3.3 SaaS aus rechtlicher Sicht

Juristisch gesehen ist Software als Sache zu betrachten. Eine Vermietung von Software ist also gleichzustellen mit der Vermietung eines Pkws oder einer Wohnung. Aufgrund der Tatsache, dass Software nur digital verfügbar und theoretisch auch jederzeit veränderbar ist, sollten Kunden die Rahmenbedingungen bezüglich Vergütung, Laufzeit und Kündigung, Gewährleistung und Haftung, Veränderungen an der Software, Sperre des Zugangs zur Software, Gebrauchsüberlassung an Dritte, usw. genau untersuchen:

- Ist der Mietzins fix oder ist bei einem Update eine Erhöhung denkbar?
- Deckt der Mietzins alle Bereiche ab?
- Läuft der Vertrag über eine bestimmte oder unbestimmte Zeit?
- Welche Kündigungsfrist ist vereinbart?
- Wie sieht die Gewährleistung bzw. Haftung des Vermieters aus, wenn die Software nicht wie beschrieben funktioniert oder es zu Systemausfällen kommt?

---

[78] Quelle: Witte (2008), o. S.

- Kann die Software verändert werden?
- Darf der Anbieter den Zugang zur Software, z. B. bei Zahlungsverzug, sperren?
- Ein Verkauf des anbietenden Unternehmens darf keinen Einfluss auf die laufenden Verträge haben.
- Welches Recht wird angewandt, wo ist der Gerichtsstand?[79]

3.1.3.4 On-Demand-Software als neues Lizenz-Modell

SaaS hat Potential, das „klassische" Lizenz-Wartungs-Geschäft für On-Premise-Software, zumindest in Teilbereichen, abzulösen. Die Nachfrage nach zu mietenden Produkten für Unternehmenssoftware wächst: wurden zunächst nur CRM-Lösungen angeboten, wächst nun der Markt um ERP-On-Demand-Lösungen. Die Softwarehersteller sehen sich der Herausforderung gegenüber, ihre Lizenz- und SaaS-Angebote richtig zu positionieren.[80] Die Erwartungshaltung in Bezug auf SaaS-Unternehmenssoftware ist entsprechend hoch (siehe Abbildung 7).

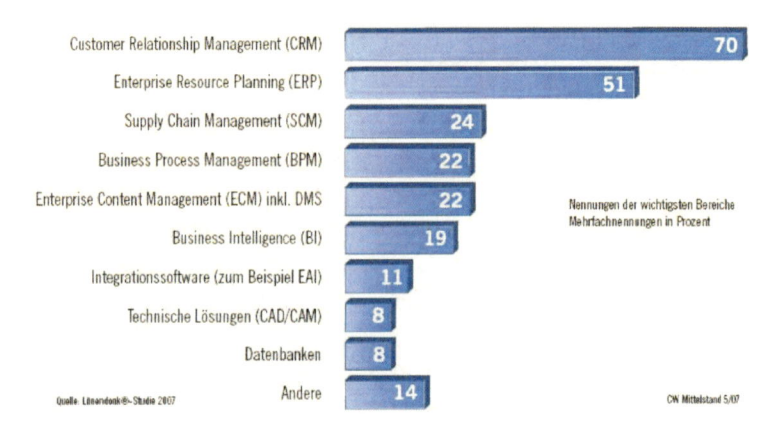

Bereich	Prozent
Customer Relationship Management (CRM)	70
Enterprise Resource Planning (ERP)	51
Supply Chain Management (SCM)	24
Business Process Management (BPM)	22
Enterprise Content Management (ECM) inkl. DMS	22
Business Intelligence (BI)	19
Integrationssoftware (zum Beispiel EAI)	11
Technische Lösungen (CAD/CAM)	8
Datenbanken	8
Andere	14

Nennungen der wichtigsten Bereiche
Mehrfachnennungen in Prozent

Quelle: Lünendonk®-Studie 2007   CW Mittelstand 5/07

Abbildung 7: Bereiche, für die Softwareunternehmen verstärkt SaaS erwarten[81]

Die nutzungsabhängige Abrechnung wird sich nachhaltig auf das Preisgefüge von Lizenzen auswirken. Die Kosten für Implementierung und Upgrades werden bei

---

[79] Vgl. Schneider (2008), o. S.
[80] Vgl. Computerwoche (2008a), o. S.
[81] Quelle: Lixenfeld (2008), o. S.

Software On-Demand in den monatlichen Gebühren bereits einkalkuliert, dadurch entsteht eine hohe Transparenz und dem Kunden wird der Preisvergleich erleichtert. Obwohl SaaS zusätzlich die Abhängigkeit von einem einzelnen Software-Anbieter verringert, wird der Wechsel zu einem anderen Dienstleister weiterhin weder einfach noch kostengünstig sein.[82]

Auch Analysen der Experton Group sehen über den Zeitraum von 2007 bis 2010 eine Verdopplung des SaaS-Marktvolumens und ein Gleichziehen der Marktanteile von ERP- mit CRM-Software auf SaaS-Basis (siehe Abbildung 8).

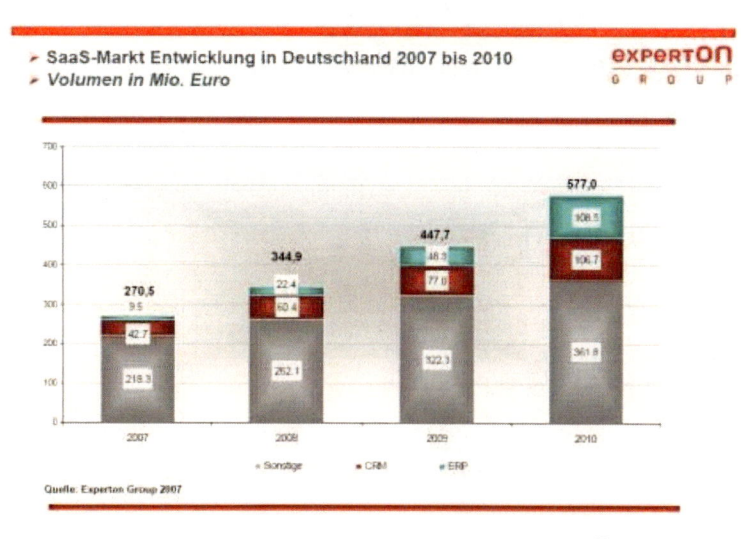

Abbildung 8: SaaS-Marktentwicklung in Deutschland 2007 bis 2010[83]

Der Bekanntheitsgrad von SaaS unter den KMU wächst. Eine Untersuchung der TechConsult GmbH zeigt, dass On-Demand in Zusammenhang mit IT-Technologie für rund 80% der Befragten ein Begriff ist. Zwar kennen nur knapp die Hälfte das zu Grunde liegende Konzept, der Trend ist aber eindeutig (siehe Abbildung 9).

---

[82] Vgl. Heise (2007), o. S.
[83] Quelle: Experton Group (2007), S. 2

Haben Sie schon etwas von dem Begriff "on demand" in Zusammenhang mit der Nutzung von IT-Technologie gehört?

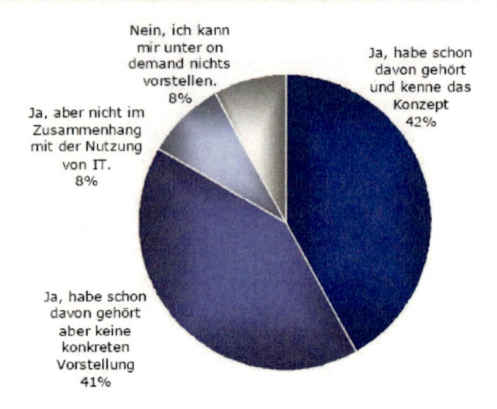

- Nein, ich kann mir unter on demand nichts vorstellen. 8%
- Ja, aber nicht im Zusammenhang mit der Nutzung von IT. 8%
- Ja, habe schon davon gehört und kenne das Konzept 42%
- Ja, habe schon davon gehört aber keine konkreten Vorstellung 41%

Quelle: TechConsult GmbH
www.techconsult.de

Basis: 478 Unternehmen
Stichprobe repräsentiert 142.444 Unternehmen

Abbildung 9: On-Demand – Umfrage[84]

3.1.4 ERP-Systeme für KMU

3.1.4.1 Mittelstand als Zielgruppe

Ursprünglich rein großkundenorientierte Softwarehersteller haben vor rund 10 Jahren den Mittelstand ebenfalls als Zielgruppe entdeckt. Seitdem entwickelt sich die Mittelstandsorientierung des Marktes stets weiter. Vertrieblich und konzeptionell scheint nun eine neue Reifestufe auf dem Weg zur Erschließung dieser Zielgruppe erreicht zu sein. Wurde der Mittelstand zunächst als breite Masse mit Standardprodukten angesprochen, so verstärken sich nun die Bemühungen, die verschiedenen Schichten des Mittelstandes gezielt mit maßgeschneiderten Lösungen zu adressieren. Differenzierte Betrachtungsweisen auf verschiedenen Ebenen der Größenklassen und Branchen sind unerlässlich, um die unterschiedlichen Bedürfnisse und Entscheidungsprozesse dieser heterogenen Zielgruppe zu erfassen. Obwohl die Mittelstand-Definition der Europäischen Kommission (siehe Tabelle 2) geläufig ist, verwenden die Marktteilnehmer teils deutlich abweichende Definitionen.[85]

---

[84] Quelle: TechConsult (2007), S. 91

[85] Vgl. Hoffmann-Remy (2007), o. S.; Vgl. Kraus (2007), o. S.

Auf der Pressekonferenz zur Produkteinführung von SAP Business ByDesign am 25.10.2007 in München wurde besonders auf die Zielgruppe Mittelstand eingegangen. Hervorgehoben wurden die Einheit von Unternehmen und Inhaber und die daraus resultierende Abhängigkeit. Im Mittelstand beeinflussen die getätigten Entscheidungen direkt die Existenzgrundlage des Unternehmers.[86]

3.1.4.2 Nutzen von ERP-Systemen

Bei der Organisation der innerbetrieblichen Abläufe eines Unternehmens ist die Erlangung eines betriebswirtschaftlichen Vorteils der primäre Beweggrund. Dabei soll der Einsatz von betriebswirtschaftlicher Software, u. a. auch ERP-Software, helfen. Sei es die Ersteinführung, der Ersatz für eine monolithische Individualsoftware oder der Wechsel in eine neue Produktgeneration: Die modernen ERP-Anwendungen helfen nicht nur, interne Abläufe zu steuern, sondern eignen sich auch dazu, Firmen, Lieferanten, Kunden und Partner in ein Wertschöpfungsnetz einzubinden.[87] ERP-Systeme bieten z. B. eine Optimierung der internen Wertschöpfungskette, Steigerung der Flexibilität und schnellere Reaktion auf Kundenwünsche. Durch einen hohen Integrationsgrad wird ein schneller Zugriff auf alle Funktionsbereiche eines Unternehmens ermöglicht, alle Systembereiche greifen auf die gleiche Datenbasis zurück.

Bei der Entwicklung von ERP-Software wird auf die betrieblichen Prozesse eines s. g. Best-Practice - Unternehmens zurückgegriffen, so dass erprobte Methoden zum Einsatz kommen. Die unternehmensinternen Prozesse profitieren von der Geschäftsprozessmodellierung. Sie helfen, die Organisation zu standardisieren oder zu reorganisieren und bieten die Möglichkeit, Informationsasymmetrien zu eliminieren. Ein weiterer Punkt ist die bessere Planbarkeit des Produktionsbedarfs und der Lagerhaltung; die Ressourcen können effektiver verteilt werden. Informationen können in Real Time zur Verfügung gestellt werden. Parallel dazu ist es möglich, z. B. zwecks Planung und Kontrolle, einen simultanen Zugriff auf die Daten zuzulassen. ERP-Systeme können sowohl die interne als auch die externe Kommunikation und Zusammenarbeit erleichtern.[88]

---

[86] Vgl. SAP (2007a), o. S.
[87] Vgl. Gottwald (2008), o. S.
[88] Vgl. Moser (2004), S. 21 ff.; Vgl. Kallies / Przybilla (2007) S. 9 ff

Der Nutzen von ERP-Systemen kann in quantitativen und qualitativen Nutzen aufgeteilt werden: einerseits können durch effizientere Prozesse Ertragssteigerungen realisiert und aufgrund der hohen Verfügbarkeit von genaueren Daten Kosten reduziert werden, auf der anderen Seite bieten ERP-Systeme die Option, die Organisation in vielen Teilbereichen zu verbessern (siehe Tabelle 5).

quantitativer Nutzen
• effizientere Prozesse
• Ertragssteigerung in verschiedenen Bereichen
• niedrigere Kosten aufgrund der Verfügbarkeit und Genauigkeit der Daten
• geringere Schulungskosten auf lange Sicht

qualitativer Nutzen
• flexiblere Führungs- und Organisationsstruktur
• Abstimmung der Geschäftsprozesse sowie der IT
• Belegschaft, die bereit ist für Veränderungen

Tabelle 5: Nutzen von ERP-Systemen[89]

3.1.4.3 Integration von ERP-Systemen

Die Integration eines ERP-Systems bewirkt einen massiven Eingriff in die vorherrschende Organisationsstruktur. „Auf Grund des Anspruchs von ERP-Systemen, die Gesamtheit der Geschäftsprozesse eines Unternehmens zu steuern und zu kontrollieren, bedeutet die Einführung eines solchen Systems den ersten entscheidenden Schritt bei der Realisierung eines Konzeptes zur Integration des gesamten betrieblichen Informationswesens."[90] Entsprechend hohe Anforderungen werden an das Projektteam zur Einführung einer betriebswirtschaftlichen Standardanwendungssoftware gestellt. Neben den fachlich-betriebswirtschaftlichen Fragestellungen muss auch die inner- und überbetriebliche Zusammenarbeit der Mitarbeiter analysiert und bewertet werden. Alle betroffenen Unternehmensbereiche stehen auf dem Prüfstand, da ein integriertes Softwaresystem keine Grenzen kennt.[91]

---

[89] Quelle: Moser (2004), S. 24
[90] Becker et al. (2005), S. 329 f.
[91] Vgl. Frick et al. (2008), S. 3

Die Art der technischen Integration hat sich im Laufe der Zeit immer weiterentwickelt und entsprechend dem Stand der Technik angepasst. War zu Beginn der informationstechnologischen Verarbeitung von Betriebsdaten zunächst nur der Einsatz von zentralen Großrechnern mit Vor-Ort-Zugriff möglich, dominieren im Moment Client-Server-Architekturen kombiniert mit Internet-Technologie. Der Trend in der Software-Architektur hat entsprechende Auswirkungen auf die IT-Infrastruktur: die Weiterentwicklung des SOA-Konzeptes und der WebService-Technik zusammen mit der Erhöhung der Bandbreiten im Internet kann z. B. dazu führen, dass bald der Arbeitsplatz nur noch eine internetfähige Workstation ist und die Software sowie die Daten in dem Rechenzentrum des Softwareanbieters gehalten und administriert werden (siehe Tabelle 6).

Dominierend im Zeitraum	Phase 1 1960 - 1980	Phase 2 1980 - 1990	Phase 3 1990 - 2000	Phase 4 2000 - 2010	Phase 5 2010 - 2020
Anwendungen	Einzelne Funktionen	Funktionsbereiche	Interne Geschäftsprozesse	Betriebsübergreifende Prozesse	Umfassende Vernetzung der Wirtschaft
IT-Technik	Individualprogrammierung mit traditioneller Dateiorganisation für eine proprietäre Plattform (BS, HW)	Proprietäre Anwendungssoftware eines Herstellers auf wenigen proprietären Plattformen (DB, BS, HW)	Proprietäre Anwendungssoftware eines Herstellers auf vielen proprietären Plattformen (DB, BS, HW)	Proprietäre Anwendungssoftware eines Herstellers auf vielen, auch offenen Plattformen (DB, BS, HW)	Kombination von Anwendungssoftwarekomponenten vieler Hersteller auf Open-Source-Plattformen
	Großrechner mit Terminals	Großrechner mit Terminals	Client-Server-System	Client-Server, Internetbasiert	SOA, Web-Services
	Textorientierte Benutzeroberfläche	Textorientierte Benutzeroberfläche	Grafische Benutzeroberfläche	Webbasierte Benutzeroberfläche (Browser)	Webbasierte Benutzeroberfläche (Browser)

Abkürzungen:
BS = Betriebssystem; DB = Datenbank; HW = Hardware; SOA = service-orientierte Architektur.

Tabelle 6: Phasen der Integration betrieblicher Informationssysteme[92]

3.2 Wettbewerbssituation

3.2.1 Marktübersicht ERP-Software-Anbieter

Anbieter für ERP-Software-Systeme sind breit gestreut: das Unternehmer-Portal der Yukom Markt und Mittelstand GmbH & Co. KG z. B. hat unter dem Stichwort

---

[92] Quelle: Hansen / Neumann (2005), S. 529

ERP mehr als 100 Anbieter gelistet. Darunter auch Dienstleistungsanbieter, die sich auf ein bestimmtes Produkt spezialisiert und auf dessen Basis z. B. ein branchenspezifisches Konzept entwickelt haben.[93] Verschiedene Marktumfragen zeigen aber auch, dass die Spitze von einigen wenigen großen Herstellern bestimmt wird.

Gemäß einer Haufe-Mittelstand-Studie aus dem Jahr 2007 auf der Grundlage von 65 Unternehmen mit bis zu 500 Mitarbeitern sind SAP (32%), Infor (12%) und Microsoft (6%) die drei meist genannten Hersteller von den eingesetzten ERP-Lösungen.[94]

Auch in der Gewichtung der Marktanteile, die aus der Abbildung 10 zu entnehmen sind, zeigt sich eine Dominanz weniger Anbieter, wobei SAP deutlich hervorsticht.

Enterprise-Resource-Planning-Software – Marktanteile in Deutschland 2006 nach Umsatz. Quelle: Gartner.	
Hersteller	Umsatz (Marktanteile in Prozent)
1. SAP	54,8
2. Infor	5,5
3. Microsoft	3,8
4. Sage Software	2,9
5. Oracle	0,9
6. Exact Software	0,7
7. IFS	0,4
8. Lawson	0,4
9. Agresso	0,3
10. Hyperion	0,3

Abbildung 10: ERP-Markt in Deutschland 2006[95]

Zusätzlich zu den drei genannten Herstellern kann man gemäß der Umfrage von Gartner aus dem Jahr 2006 (siehe Abbildung 10) und der Umfrage der Experton Group aus dem Jahr 2007 (siehe Abbildung 11) Sage und Oracle zu den Top-Five-Herstellern ergänzen. Es muss eingeräumt werden, dass die Ergebnisse je nach Basis der Umfrage variieren können, da die Hersteller jeweils von Präferenzen in bestimmten Branchen und/oder Größenklassen profitieren.

---

[93] Vgl. Markt&Mittelstand (2008), o. S.
[94] Vgl. Haufe (2008), S. 9
[95] Quelle: Niemann / Bayer (2008), o. S.

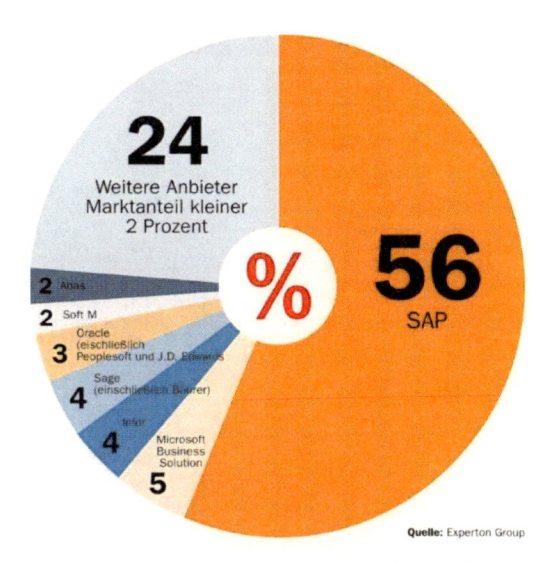

Abbildung 11: Anbieter am deutschen ERP-Markt[96]

Die Umfrage des Konradin Verlages aus dem Jahr 2007, basierend auf der Branche der Metallindustrie, zeigt eine Verschiebung der Marktanteile und der Platzierungen (siehe Abbildung 12), Oracle z. B. hat hier eine deutlich schwächere Position.

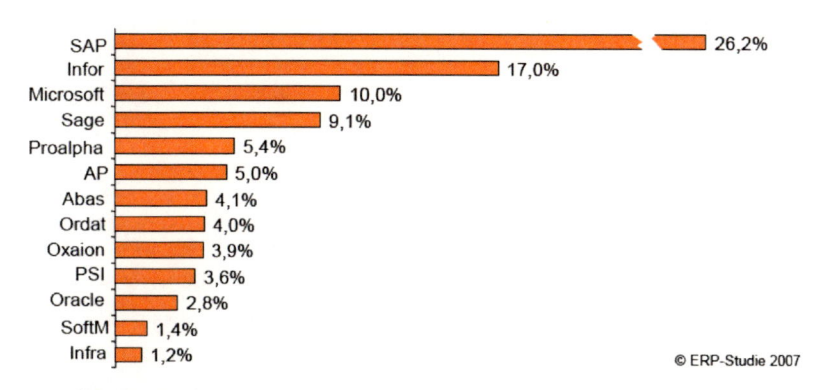

Hersteller	Marktanteil
SAP	26,2%
Infor	17,0%
Microsoft	10,0%
Sage	9,1%
Proalpha	5,4%
AP	5,0%
Abas	4,1%
Ordat	4,0%
Oxaion	3,9%
PSI	3,6%
Oracle	2,8%
SoftM	1,4%
Infra	1,2%

© ERP-Studie 2007

Abbildung 12: Marktanteil der ERP-Hersteller in der Metallindustrie[97]

---

[96] Quelle: Niemann / Bayer (2007), o. S.
[97] Quelle: Frisch / Seidel (2007), S. 72

3.2.2 Vorstellung der Top-Five ERP-Hersteller für KMU

3.2.2.1 Infor

3.2.2.1.1 Das Unternehmen

Der Softwareanbieter Infor hat seinen Sitz in München und ist eine Tochtergesellschaft der „Infor World Headquarters" mit Sitz in den USA. Infor hat in Deutschland Niederlassungen in München, Breisach, Darmstadt, Düsseldorf / Erkrath, Filderstadt, Friedrichsthal, Hamburg, Hannover, Karlsruhe, Leipzig, Limburg, Münster, Siegen, Stuttgart und Villingen-Schwenningen. Das Unternehmen hat mehr als 9.200 Mitarbeiter, Niederlassungen in 100 Ländern und ca. 70.000 Kunden weltweit. Infor gehört mit einem Umsatz von rund 2,1 Mrd. USD zu den weltweit größten Anbietern von Unternehmenssoftware.[98]

3.2.2.1.2 Geschäftsbereich

Infor bietet für ausgewählte Branchen vollständig integrierte Lösungen sowie Stand-Alone-Produkte der Bereiche:
- Enterprise Resource Planning,
- Supply Chain Planning und Execution,
- Customer und Supplier Relationship Management,
- Asset Management,
- Product Lifecycle Management und
- Business Intelligence.[99]

3.2.2.1.3 ERP-Angebot für KMU

Infor spricht mit seinem ERP-System „Infor ERP" den Markt von kleinen, mittleren und auch großen Unternehmen an. Nach eigenen Angaben gibt es keine Einheitsangebote, keine Trennung nach Unternehmensgröße oder Branche, sondern maßgeschneiderte Lösungen, die Geschäftsprozesse über die Unternehmensgrenzen und Lieferketten hinweg abbilden sollen. Dabei sollen die Prozesse jeweils so geplant, automatisiert und gesteuert werden können, wie es in dem jeweiligen Geschäft bzw. der Branche des Kunden üblich und erforderlich ist.

---

[98] Vgl. Infor (2008b), o. S.
[99] Vgl. Infor (2008c), o. S.

Infor sieht die Stärken seiner Lösung in den Bereichen der Fertigungsunternehmen und Distributoren und bietet hier spezifische Lösungen für die verschiedensten Branchen und Einsatzgebiete: z. B. die auftragsbezogene Herstellung und Prozessfertigung sowie Lean Manufacturing, Qualitätsmanagement, Verwaltung des After-Sales-Service und Finanzverwaltungsfunktionen.

Des Weiteren lassen sich zusammen mit Infor ERP-Lösungen für Supply Chain Management (SCM), Produktlebenszyklusmanagement (PLM), Kundenbeziehungsmanagement (CRM) und unternehmensweites Asset Management integrieren, um das Unternehmen in allen Bereichen steuern zu können.

Branchen: Automobilindustrie, Bekleidungsindustrie, Chemische Industrie, Einzelhandel, Facilities Management, Finanzdienstleistungen, Gastgewerbe, Großhandel, High Tech & Elektronik, Kommunikation, Konsumgüter, Kunststoffverarbeitung, Life Sciences, Luft- und Raumfahrt, Maschinen- und Anlagenbau, Metallbearbeitung, Nahrungsmittelindustrie, Öffentliche Verwaltung, Schiffbau und Versicherungen.[100]

3.2.2.1.4 On-Demand-Ansatz

Infor bietet derzeit noch keine Software-Lösung auf On-Demand-Basis, hat aber den Bereich Application-Hosting für seine Kunden ausgebaut. Der Kunde kann auf Wunsch seine Infor-Lösung komplett in die Hände von Infor geben und z. B. vom Netzwerk- und Datenzentrumsmanagement, der Instandhaltung von Betriebssystemen und Hardware, der System- und Datenbankadministration, der Anwendungsadministration, dem Sichern und Wiederherstellen von Daten, dem Sicherheitsmanagement und anderen Dienstleistungen profitieren.[101]

3.2.2.2 Microsoft

3.2.2.2.1 Das Unternehmen

Die Microsoft Deutschland GmbH hat ihren Sitz in München und ist eine Tochter der Microsoft Corporation mit Sitz in Redmond, USA. Die deutschen Geschäftsstellen sind in Aachen, Bad Homburg, Berlin, Böblingen, Hamburg, Neuss (Umzug nach Köln ist geplant für Sommer 2008) und Walldorf ansässig.

---

[100] Vgl. Infor (2007), o. S.
[101] Vgl. Infor (2008d), o. S.

Außerhalb der USA hat Microsoft ca. 100 Niederlassungen. Weltweit beschäftigt Microsoft 71.000 Mitarbeiter und tätigt einen Jahresumsatz von rd. 51 Mrd. USD.[102]

3.2.2.2.2 Geschäftsbereich

Microsoft bietet Standardsoftware, Services und Lösungen sowohl für Privatpersonen als auch Unternehmen aller Branchen und Größenklassen. Von Betriebssystemen für PCs, mobilen Endgeräten und Netzwerken über Serversoftware, Produktivitätssoftware, Multimedia-Anwendungen und Online-Services bis hin zu Entwickler-Tools. Basis des Portfolios ist die auf der .NET-Technologie basierende Microsoft-Plattform.[103]

3.2.2.2.3 ERP-Angebot für KMU

Microsoft bietet mit seiner Dynamics-Produktfamilie integrierte, anpassungsfähige Unternehmenslösungen, die in Design und Funktion den bekannten Microsoft-Standards folgen und eng mit anderen Microsoft-Produkten verzahnt sind. Zur Produktfamilie zählen die ERP-Lösungen Microsoft Dynamics AX, Microsoft Dynamics NAV und Microsoft Dynamics Entrepreneur Solution.

Microsoft Dynamics AX

Das Produkt Microsoft Dynamics AX (ehemals Axapta) bezeichnet Microsoft als die Antwort auf höchste Ansprüche an Komplexität, Funktionalität und Skalierbarkeit. Diese Business-Lösung ist ausgerichtet auf Großunternehmen und Unternehmen des gehobenen Mittelstandes, welche auf den globalen Märkten agieren. Sie deckt umfangreiche, lokale Anforderungen ab und besitzt durch ihre Mehrsprachenfähigkeit eine Vielzahl von Landesversionen. Das ERP-System lässt sich in die bestehende, auch stark heterogene IT-Infrastruktur einbinden.

Microsoft Dynamics NAV

Microsoft Dynamics NAV (ehemals Navision) ist auf die branchenspezifischen Bedürfnisse des Mittelstandes ausgerichtet. Neben den Funktionen im Bereich Finanz-Management und Marketing/Vertriebssteuerung stehen für die Produktionsplanung und -steuerung Lösungen zur Verfügung. Das System lässt

---

[102] Vgl. Microsoft (2007), o. S.
[103] Vgl. ebd.

sich durch die s. g. Branchen-Templates, also vorkonfigurierten Modulen und Methodiken, sowohl in die Produkte der Microsoft Office-Familie wie auch in die Business-Intelligence-Lösungen von Microsoft integrieren.

Microsoft Dynamics Entrepreneur Solution

Microsoft Dynamics Entrepreneur Solution orientiert sich an den Bedürfnissen kleiner Unternehmen, um grundlegende Abläufe in Finanzen, Einkauf, Verkauf und Lager zu optimieren. Als integrierte Lösung lässt sich das Produkt mit Hilfe eines Installationsassistenten installieren und erfordert keine aufwändigen Schulungen. Sollte durch Unternehmenswachstum eine Funktionserweiterung benötigt werden, kann Microsoft Dynamics Entrepreneur Solution auf Microsoft Dynamics NAV migriert werden.

Branchen: Dienstleistung, Energie und Versorgung, Fertigung, Handel, Medien und Unterhaltung, Öffentlicher Dienst, Transport und Logistik.[104]

3.2.2.2.4 On-Demand-Ansatz

Microsoft bietet unter dem Label „Software plus Service" die Alternative, Software bei einem Microsoft-Partner hosten zu lassen. Primär wird der Microsoft Exchange Server mit seinen Email-, Kontakt- und Kalenderdiensten angeboten, so dass Mitarbeiter jederzeit und von überall auf Geschäftsinformationen zurückgreifen können. Andererseits wird z. B. auch Microsoft Dynamics CRM im Software plus Service-Bereich zur Verfügung gestellt: als Hosting-Version „Microsoft Hosted Dynamics CRM 4.0".[105]

3.2.2.3 Oracle

3.2.2.3.1 Das Unternehmen

Die Oracle Deutschland GmbH mit Sitz in München ist Tochter der Oracle Corporation mit Sitz in Redwood Shores, USA. Geschäftsstellen sind in Düsseldorf, Nürnberg, Hannover, Stuttgart, Hamburg, Frankfurt, Potsdam, Berlin,

---

[104] Vgl. Microsoft (o. J. c), o. S.
[105] Vgl. Microsoft (o. J. b), o. S.

Karlsruhe und Bonn angesiedelt. Weltweit erzielte Oracle im Jahr 2007 mit 74.000 Mitarbeitern einen Umsatz von rd. 18 Mrd. USD.[106]

3.2.2.3.2 Geschäftsbereich

Oracle entwickelt Software und Services, die Firmen und Organisationen aller Größenordnungen mit Informationen aus ihrem Geschäftssystem versorgen. Neben Datenbanken, Tools und Anwendungslösungen bietet das Unternehmen auch Beratungsleistungen sowie Training und Support an.[107]

3.2.2.3.3 ERP-Angebot für KMU

Oracle sieht die Basis der IT in den Unternehmens- und den zugehörigen Markt-Daten. Die zentrale Datenhaltung muss unabhängig vom Betriebssystem und der Hardware gewährleistet sein, so dass ein Abruf mit einer entsprechenden Anwendung jederzeit möglich ist. Mit JD Edwards EnterpriseOne bietet Oracle eine Standard-Lösung, die alle Prozesse und Vorgänge eines Unternehmens abbilden und aus den Daten gezielte Informationen liefern soll. JD Edwards EnterpriseOne wird mit leistungsfähigen Funktionen, automatisierten Prozessabläufen, umfassender ERP-Integration, zuverlässigen Standard-Schnittstellen und modularem Aufbau beworben.

Um KMU aus unterschiedlichen Wirtschaftszweigen mit entsprechend verschiedenen Anforderungen adäquat ansprechen zu können, bietet Oracle seine Software-Lösung JD Edwards EnterpriseOne nach Möglichkeit auch branchenspezifisch an. Je nach gewähltem Umfang der Lösung werden die Bereiche Finanz-Management, Asset Lifecycle Management, Projekt-Management, Supply Chain Management, Kundenauftragsverwaltung, Logistik, Produktion, Customer Relationship Management, Personalwesen, Supplier Relationship Management und Performance Management abgedeckt. Diese Module lassen sich jeweils an die spezifischen Unternehmenserfordernisse anpassen, unabhängig von Datenbanken, Betriebssystemen und Hardware, so dass Oracle eine flexible Lösung bietet, die mit dem Unternehmen zusammen wachsen kann. In Abbildung 13 wird der Aufbau und die Architektur der JD Edwards EnterpriseOne-Lösung dargestellt.

---

[106] Vgl. Oracle (o. J. a), o. S.
[107] Vgl. ebd.

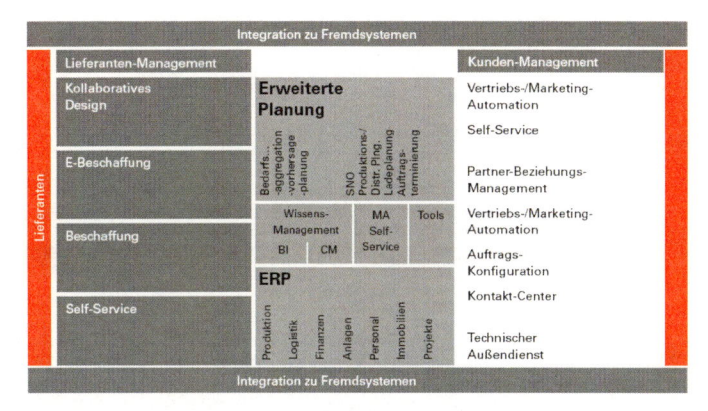

Abbildung 13: Aufbau und Architektur der JD EnterpriseOne-Lösung[108]

Branchen: Papier und Verpackung, Chemikalien und Schmierstoffe, Energie, Textilien, Rohmetalle, Bergbau, Versorgungswirtschaft, Industriegüter, Lebensmittel und Getränke, Kleidung und Schuhe, Großhandel, Automobilindustrie, medizinische Geräte und Pharmazeutika.[109]

3.2.2.3.4 On-Demand-Ansatz

Oracle bietet seine Lösungen zusätzlich unter dem Begriff „Oracle On-Demand" an: Siebel CRM, PeopleSoft Enterprise, Oracle Collaboration Suite, Oracle E-Business Suite, Oracle Technology, JD Edwards EnterpriseOne, JD Edwards World, usw. werden unter dem Label On-Demand-Lösung angeboten.[110] Der am stärksten ausgeprägte Bereich ist die Oracle CRM On-Demand-Lösung: Hier wirbt Oracle mit einem flexiblen Tool, das alle Unternehmensbereiche flexibel verknüpft und so jedem Mitarbeiter benötigte Informationen zur Verfügung stellt. Die Anwendung wird über das Internet zur Verfügung gestellt und soll durch point-and-click konfigurierbar und erweiterbar sein. Oracle verspricht eine Halbierung der Kosten mit Hilfe seiner On-Demand-Lösungen.[111]

---

[108] Quelle: Oracle (2006b), S. 14

[109] Vgl. Oracle (2006b), o. S.

[110] Vgl. Oracle (o. J. b), o. S.

[111] Vgl. Oracle (o. J. c), o. S.; Vgl. Oracle (2008), o. S.

3.2.2.4 Sage

3.2.2.4.1 Das Unternehmen

Die Sage Software GmbH & Co. KG mit Sitz in Frankfurt am Main ist Tochter der Sage Group plc mit Sitz in Newcastle Upon Tyne, GB. An den Standorten Frankfurt, Leipzig, Mönchengladbach und Villingen-Schwenningen beschäftigt Sage ca. 700 Mitarbeiter und bedient rd. 250.000 Kunden. Weltweit hat Sage 15.000 Mitarbeiter und 5,7 Mio. Kunden.[112]

3.2.2.4.2 Geschäftsbereich

Sage bietet betriebswirtschaftliche Software-Lösungen für kleine, mittlere und größere Unternehmen, aber auch über 120 zertifizierte Branchen- und Speziallösungen, entwickelt von Business Partnern: z. B. Komplettlösungen für Finanz- und Rechnungswesen, Warenwirtschaft und Produktion oder integrierte Lösungen für Personalwirtschaft, Customer Relationship Management, Controlling und eBusiness. Mit seinen Vertriebspartnern bietet Sage Services von der Beratung über die Implementierung bis hin zur Schulung.[113]

3.2.2.4.3 ERP-Angebot für KMU

Sage trennt seine Produktpalette nach den Zielgruppen der kleinen Unternehmen (1-20 Mitarbeitern), den mittleren Unternehmen (10-200 Mitarbeiter) und dem Mittelstand (150-1000 Mitarbeiter). Innerhalb der einzelnen Zielgruppen werden verschiedene, untereinander kombinierbare Produkte angeboten.

Für kleine Unternehmen wird das Produkt PC-Kaufmann als kaufmännische Komplettlösung in verschiedenen Ausprägungen angeboten. Des Weiteren werden spezialisierte Lösungen für konkrete Einsatzgebiete angeboten, welche untereinander modular kombinierbar sind. Diese so genannten GS-Produkte beinhalten u. a. Bereiche der Buchhaltung, Warenwirtschaft, Lohn und Gehalt, CRM, WebShops sowie Pakete für das Handwerk.

Für mittlere Unternehmen bietet Sage als ERP-Lösung die Produkte Classic Line und Office Line Evolution: Das Produkt Classic Line setzt sich aus den Modulen

---

[112] Vgl. Sage (o. J. a), o. S.
[113] Vgl. ebd.

Rechnungswesen, Warenwirtschaft, Produktion, Lohn und Gehalt, CRM und Business Intelligence (BI) zusammen. Die Office Line Evolution ist das jüngste Produkt von Sage. Es nutzt die .NET-Technologie von Microsoft und wird als eine der ersten branchenübergreifenden ERP-Lösungen angeboten. Die Module Rechnungswesen, Warenwirtschaft, Produktion, Personalwirtschaft, CRM und BI lassen sich untereinander kombinieren und sollen so die individuellen Geschäftsprozesse abdecken. In der .NET-Technologie sieht Sage einen seiner Ansätze für SOA: Über entsprechende Schnittstellen soll das Unternehmen nach außen verknüpft werden durch Anbindung von WebShops oder Kassensystemen und die Automatisierung von Geschäftsprozessen mit Kunden, Lieferanten und Partnern. Applikationen innerhalb des Unternehmens sollen sich durch das XML-Format wesentlich einfacher koppeln lassen.[114]

Für den Mittelstand bietet Sage seit Sommer 2006 über die neue Tochter Sage bäurer ERP-Lösungen für:

- den Kfz-Teilehandel und den technischen Handel (bäurer trade),
- für den Maschinen- und Anlagenbau, die Metallbe- und verarbeitende Industrie, die Elektrotechnik und Elektronik, den Fahrzeug- und Apparatebau (bäurer industry) und
- die Kunststoff verarbeitende Industrie (bäurer wincarat).

Über seine 25 jährige Markterfahrung mit gutem Kundenkontakt und Branchennähe bewirbt Sage bäurer seine Lösungen als hoch branchenspezialisiert und bietet z. B. hohe Customizing-Möglichkeiten, ein zentrales Auftragszentrum, Dokumentenmanagement und Dokumentenverwaltung, hohe Prognose- und Planungspotenziale für Fertigprodukte, die Verwaltung von Halbfabrikaten und Ausgangsmaterialien, Minimierung der Bestände und Durchlaufzeiten, Glättung von Bedarfsschwankungen, optimale Auslastung von Kapazitäten sowie flexible und schnelle Anpassung bei Bedarfsänderungen oder Unterbrechungen.

---

[114] Vgl. Sage (o, J, c), o, S,

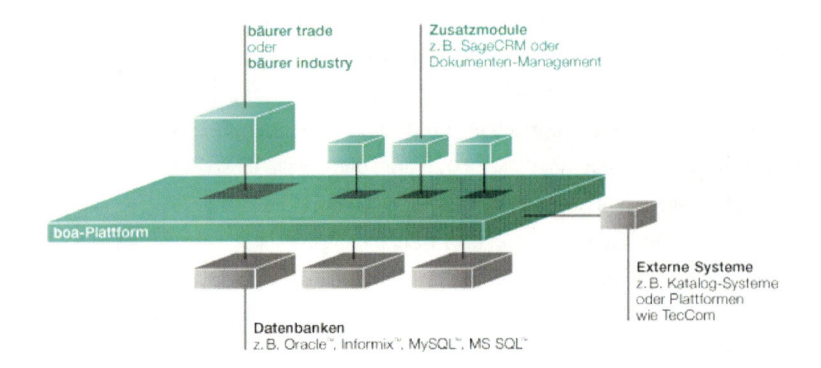

Abbildung 14: BOA-Plattform als IT-Konzept[115]

Um die Lösung für künftige Änderungen im Unternehmen, am Markt und in der Technik flexibel zu lassen, hat Sage bäurer das Konzept bäurer open access (BOA) entwickelt. Die BOA-Plattform bietet nach dem SOA-Prinzip ein offenes, modulierbares sowie datenbankunabhängiges IT-Konzept (siehe Abbildung 14).

Branchen: Agrarhandel, Bauwesen, Einzel- und Großhandel, Gebäudereinigung, Gesundheitswesen, Getränkehandel, Jagd- und Sportwaffenhandel, Kraftfahrzeughandel, Lebensmittelindustrie, Logistik und Transport, Maschinen- und Anlagenbau, Schifffahrt, Seminare und Tagungen, Service und Wartung, Soziale Einrichtungen, Stahlbranche, Textilbranche, Verlagswesen, Vermietung und Verleih.[116]

3.2.2.4.4 On-Demand-Ansatz

Sage bietet primär im CRM-Bereich eine On-Demand-Lösung an: SageCRM.com. Das Hosting, der Support, Training und Backups sowie Updates werden über einen monatlichen Preis abgegolten. Mit webbasierter Infrastruktur und Browserschnittstellen wird laut Sage der sofortige Einsatz ermöglicht. Die Preisgestaltung und Konditionen sind flexibel anpassbar, bei Bedarf können

---

[115] Quelle: Sage (o. J. b), o. S.

[116] Vgl. Sage (o. J. c), o. S.

Anwender schnell hinzugefügt werden. Der Zugang rund um die Uhr wird von Sage gewährleistet.[117]

3.2.2.5 SAP

3.2.2.5.1 Das Unternehmen

SAP (Systeme, Anwendungen, Produkte in der Datenverarbeitung) mit Sitz in Walldorf, wurde 1972 gegründet und hat Geschäftsstellen in Bensheim, Hannover, Berlin, München, St. Ingbert, Düsseldorf, Dresden, Hamburg und Freiberg. Weltweit beschäftigt SAP rund 51.200 Mitarbeiter und beliefert mehr als 47.800 Kunden. Mit den Niederlassungen in mehr als 50 Ländern liegt der Jahresumsatz derzeit bei ca. 10 Mrd. EUR.[118]

3.2.2.5.2 Geschäftsbereich

Als einer der führenden Anbieter von Unternehmenssoftware und einer der größten Softwarelieferanten weltweit entwickelt SAP Unternehmenslösungen rund um den Globus. Das Lösungsportfolio von SAP soll eine reibungslose, standort- und zeitunabhängige Zusammenarbeit zwischen Kunden, Partnern und Mitarbeitern und die Optimierung aller zentralen Geschäftsprozesse gewährleisten.

Angeboten werden Lösungen in den Bereichen Customer Relationship Management, Supply Chain Management, Product Lifecycle Management, Enterprise Resource Planning und Supplier Relationship Management für kleine, mittlere und große Unternehmen aller Branchen.

3.2.2.5.3 ERP-Angebot für KMU

SAP bietet für den KMU-Markt drei verschiedene Lösungen an: SAP Business One für kleine Unternehmen mit bis zu 100 Mitarbeitern, SAP Business ByDesign für mittelgroße Unternehmen von 100 bis 500 Mitarbeitern und SAP Business All-in-One für mittelgroße bis große Unternehmen mit 100 bis 2.500 Mitarbeitern.

---

[117] Vgl. Sage (o. J. d), o. S.
[118] Vgl. SAP (o. J. c), o. S.; Vgl. SAP (o. J. d), o. 3.

	SAP Business One	SAP Business ByDesign	SAP Business All-in-One
Überblick über Lösungsanforderungen	Die kompakte Lösung für alle zentralen Geschäftsprozesse kleinerer Unternehmen.	Eine umfassende, und anpassungsfähige On-Demand-Lösung - erschwinglich und einfach einzuführen.	Eine umfassende, flexibel erweiterbare und individuell anpassbare Unternehmenslösung für alle Branchen.
Herausforderungen mit aktuellen Lösungen	Reine Buchhaltungssoftware, die den Anforderungen des Geschäfts nicht mehr gewachsen ist.	Verteilte Anwendungen, die viel manuelle Arbeit und das Pflegen von Tabellenkalkulationen erfordern.	Verteilte Softwarelösungen, die den steigenden Anforderungen des Geschäfts nicht mehr gewachsen sind.
Art der Betriebsabläufe	Relativ einfache Geschäftsprozesse.	Komplexere Geschäftsprozesse.	Vielfältige und komplexe Geschäftsprozesse mit branchen- spezifischer Ausprägung.
	Geringes Transaktionsvolumen.	Höhere, aber noch moderate Anzahl an Transaktionen.	Hohes Transaktionsvolumen sowie anspruchsvolle Service- und Fertigungsprozesse.
Typische Organisationsstruktur	Bis zu 5 Standorte und unabhängige Tochtergesellschaften.	Mehrere Standorte, Unternehmensbereiche und unabhängige Tochtergesellschaften.	Mehrere Standorte, Unternehmensbereiche und Tochtergesellschaften mit unterschiedlichen Rechtsformen.
IT-Präferenzen	Begrenzte IT-Ressourcen und Präferenz für eine im Unternehmen betriebene Geschäftslösung.	Begrenzte IT-Ressourcen und Präferenz für eine On-Demand-Softwarelösung.	IT-Ressourcen vorhanden und Präferenz für eine im Unternehmen betriebene Geschäftslösung.
Typische Belegschaftsgröße	Weniger als 100 Mitarbeiter	100 bis 500 Mitarbeiter	100 bis 2.500 Mitarbeiter

Tabelle 7: SAP-Lösungen für KMU im Vergleich[119]

SAP Business One richtet sich speziell an kleine Unternehmen, die zwar relativ unkomplizierte Geschäftsprozesse abzubilden haben, bei denen aber eine reine Buchhaltungssoftware den Anforderungen des täglichen Geschäfts nicht mehr gewachsen ist.

SAP Business All-in-One richtet sich an mittelständische Unternehmen, die mit wenigen IT-Verantwortlichen eine vor Ort installierte Geschäftslösung betreiben möchten. Aufgrund der branchenspezifischen Funktionalitäten, geprägt durch Best Practice Lösungen und der Unterstützung von der Unternehmenssoftware SAP ERP, verspricht SAP eine flexible Anwendung, die gerade nachhaltig wachsenden Unternehmen flexible Anpassung an neue Anforderungen oder strategische Neuausrichtungen gewährt.

SAP Business ByDesign ist das jüngste der drei Produkte und setzt komplett auf das Konzept Software as a Service. Die Software wird über das Internet als Dienst bezogen und betrieben. SAP verspricht für mittelständische Unternehmen eine

---

[119] Quelle: SAP (o. J. b), o. S.

umfassende On-Demand-Softwarelösung zur flexiblen Unterstützung für alle Geschäftsprozesse. SAP Business ByDesign soll die Lücke zwischen den beiden vorher genannten Produkten schließen und unentschlossenen Mittelständlern durch Kostentransparenz bei geringen Gesamtkosten, einfacher Handhabung und hoher Flexibilität eine Alternative bieten.

3.2.2.5.4 On-Demand-Ansatz

Mit Business ByDesign bietet SAP eine On-Demand-Lösung an, die eine umfassende Unterstützung der Organisation, flexible Anpassung und einen hohen Grad an Personalisierung zu einem günstigen Preis bieten soll. Jedem Benutzer soll z. B. seine individuelle 360-Grad-Sicht auf das Unternehmen ermöglicht werden. SAP bietet zudem an, die Lösung Business ByDesign zuerst auszuprobieren, bevor ein Produktiveinsatz gestartet wird. Die Einrichtung und Konfiguration erfolgt über das Internet.[120]

---

[120] Vgl. SAP (2007b), S. 6 ff.

4 Chancen und Risiken für SAP Business ByDesign im Mittelstand

4.1 Darstellung der On-Demand-Strategie von SAP

SAP hat mit seinen Produkten Business One und All-In-One nach eigenen Angaben (siehe Tabelle 7) bereits das Spektrum von kleinen Unternehmen bis 100 Mitarbeitern und mittleren Unternehmen von 100 bis ca. 2.500 Mitarbeitern abgedeckt. SAP Business One und All-In-One sind klassische On-Premise-Produkte, welche zwar auch im Application-Hosting-Modell betrieben werden können, stellen aber entsprechend keine On-Demand-Lösungen im Sinne dieser Arbeit dar. Zusätzlich wurde im Oktober 2007 das Produkt SAP Business ByDesign vorgestellt. Das Zielsegment von SAP Business ByDesign - KMU mit 100 bis 500 Mitarbeitern – liegt genau zwischen dem der beiden vorgenannten Produkte.[121]

Der Mittelstand ist gem. Analysen der Experton Group auf dem Gebiet SaaS ein stark wachsendes Marktsegment (siehe Abbildung 8). SAP versucht, mit dem neuen Delivery Modell „SAP Business ByDesign" dieses Segment anzusprechen.[122]

Die Entwicklung von Business ByDesign begann im Jahr 2005 unter dem Codenamen „A1S". Im Rahmen der „Systems" in München wurde am 25. Oktober 2007 die deutsche Version der On-Demand-Lösung für den Mittelstand, SAP Business ByDesign, vorgestellt. In einer Software-Demonstration präsentierten die SAP-Vorstandsmitglieder Peter Zencke und Gerhard Oswald die deutsche Version der neuen Softwarelösung. Gemeinsam mit Kunden aus Pilotprojekten wurde über Einsatz und Nutzen der Lösung diskutiert und zugleich die Geschäftsmöglichkeiten am Markt erörtert.[123] Von insgesamt 22 Vertriebspartnern weltweit sind neun in Deutschland vertreten und haben SAP Business ByDesign mittlerweile in ihr SAP-Portfolio aufgenommen.

---

[121] Vgl. SAP (o. J. b), o. S.
[122] Vgl. Experton Group (2007), o. S.
[123] Vgl. SAP (2007a), o. S.

SAP Business ByDesign wird als erste integrierte On-Demand-Lösung beschrieben, welche sich speziell an Mittelstandsfirmen richtet.[124]

SAP sieht den Mittelstand als großen, heterogenen Markt: Greift man sich ein kleines Element, eine Unternehmung aus dieser Menge heraus, so ist dieses einzelne Element verhältnismäßig leicht zu handhaben. Man kann die Prozesse analysieren und mit einer Software-Lösung versehen. Von dieser Einzellösung darf nicht erwartet werden, daraus eine Basis für eine Standard-Software für die Menge der KMU ableiten zu können. Die Lösung muss so umfangreich und flexibel sein, dass theoretisch jede Einzellösung daraus konfiguriert werden kann.[125]

Mit SAP Business ByDesign wurde der Ansatz der universalen Lösungsmenge für den Mittelstand gesucht. Es bietet den KMU mit Größen von 100 bis 500 Mitarbeitern eine:

- integrierte On-Demand Softwarelösung,
- die nahezu alle Geschäftsbereiche eines mittelständischen Unternehmens abdeckt,
- sämtliche Geschäftsvorgänge in einem System verknüpft und
- in speziellen SAP-Servicezentren betrieben, gewartet und überwacht wird.

Die Kosten werden mit 133 Euro mtl. pro Lizenz angegeben, wobei eine Mindestlizenzierung von 25 Anwendern vorausgesetzt wird, bei einer Mindestlaufzeit von 24 Monaten. Bei einer Minimallizenzierung hat ein KMU somit Kosten von 39.900 Euro pro Jahr.

SAP Business ByDesign soll einfach zu bedienen sein. SAP wirbt mit „über das Internet entdecken, evaluieren und erfahren" und vergleicht den neuen Ansatz, eine Unternehmens-Software auszusuchen und beziehen zu können, mit einem Car-Configurator, wie er auf jeder Homepage von Autoherstellern zu finden ist. Im Unterschied zum Auto kann die Software aber vor dem ersten Einsatz schon ausführlich getestet und während des Einsatzes jederzeit neu konfiguriert und ergänzt werden. SAP Business ByDesign nähert sich durch seine freie Konfigurierbarkeit immer mehr einem Baukastenprinzip.[126]

---

[124] Vgl. SAP (2007c), o. S.
[125] Vgl. SAP (2007a), o. S.
[126] Vgl. ebd.

Der Support wurde über eine integrierte Lernumgebung eingebunden, diese kann während des Umgangs mit der Software jederzeit aufgerufen werden. Parallel steht den Usern die SAP Business ByDesign Community zur Verfügung.

Die Einhaltung gesetzlicher Vorschriften wird durch SAP gewährleistet, die Geschäftsprozesse werden hinsichtlich Nachverfolgbarkeit, Integrität und Übersicht optimiert. Die Zusammenarbeit mit Partnern, Lieferanten und Kunden wird über elektronische Formulare oder andere mögliche Kommunikationsformen eingebunden. Die Kollaboration funktioniert ebenfalls auf länderübergreifender Ebene; auch hier sind die jeweils geltenden rechtlichen Standards gewahrt.[127]

SAP Business ByDesign arbeitet komplett auf der technologischen Basis der SAP NetWeaver-Plattform[128] und wurde nach den Regeln der in der SAP Enterprise SOA umgesetzten Paradigmen einer SOA entwickelt. Während des Entwicklungsprozesses von Business ByDesign hat sich SAP von der TÜV Informationstechnik GmbH (TÜViT) begleiten, beraten und prüfen lassen, um für ihr neues Software-On-Demand-Konzept eine Zertifizierung zu erlangen. Die zusammen mit dem Produkt-Start von Business ByDesign bekannt gegebene „TÜViT Trusted SOA"-Zertifizierung ist eine junge Dienstleistung, welche mit dem Pilotkunden SAP im Oktober 2007 auf der Messe „Systems" offiziell gelauncht wurde.[129]

Ein entsprechendes Zertifikat-Modell existierte bei Beauftragung der Zertifizierung noch nicht: die Entwicklung und Definition erfolgte parallel zum Projekt. TÜViT hat auf Basis des SOA-Modells einen generischen Fragenkatalog erstellt und ein Prüfverfahren entwickelt, mit dem herstellerunabhängig die Basisanforderung an eine SOA überprüft werden kann.

Die Basis der Zertifizierung bilden die Paradigmen aus dem SOA-Modell zusammen mit bewährten Qualitätskriterien für Software bezüglich des Aspektes der Service-Orientierung (siehe Tabelle 8).

---

[127] Vgl. SAP (2007b), S. 8 ff.

[128] Anmerkung des Autors: Die SAP NetWeaver-Plattform bildet die Grundlage für Applikationen und ermöglicht die Umsetzung von IT-Abläufen.

[129] Vgl. Anhang: Anfrage TÜViT (2008a), o. S.

Generische Prüfbereiche	Generische Prüfthemen
Service Enablement	- Service-Interfaces - zentrales Service-Repository - Versionierung von Services - standardisierte Service-Beschreibung und Service Aufrufe
Business Architecture	- Geschäftsorientiertes Requirements-Engineering - Wiederverwendung - passende Geschäftsarchitektur
Software Quality	- Einsatz adäquater Qualitätssicherungsmethoden
System Deployment	- Anpassbarkeit und Erweiterbarkeit - leichte Konfiguration - optimierte User-Interfaces

Tabelle 8: Generische SOA-Prüfbereiche und Prüfthemen[130]

Der so entwickelte TÜViT-eigene Standard für die Prüfung von SOA-Produkten ist anwendbar auf:

- eine komplette SOA-Plattform,
- eine einzelne Komponente einer SOA-Plattform oder
- eine Anwendung basierend auf einer SOA-Plattform.

Die Zielgruppe der neu geschaffenen Zertifizierung nach „Trusted Product SOA" sind Hersteller von SOA-Produkten oder Unternehmen, welche mit gekauften SOA-Produkten eine eigene Plattform für ihr Unternehmen aufbauen wollen. TÜViT bietet die Zertifizierung sowohl für ein fertiges, als auch begleitend für ein sich in Entwicklung befindliches Produkt an. Bei der begleitenden Prüfung besteht der Vorteil, dass die Ergebnisse konstruktiv und verbessernd in die Produktweiterentwicklung einfließen können.[131]

Im Vergleich zu der SAP-Lösung Business ByDesign sind die On-Demand-Ansätze der vorgenannten Mitanbieter weniger weitgehend:

---

[130] Quelle: TÜViT (2008b), S. 5
[131] Vgl. TÜViT (2008b), S. 3 ff.

- Infor bietet ausschließlich On-Premise-Lösungen und für diese Lösungen Application-Hosting.[132]

- Microsoft hat das Modell Software plus Service im Angebot, allerdings ist dieser Ansatz als eine erweiterte Form des Application-Hosting zu bewerten. Alle Anwendungen werden primär als On-Premise-Versionen angeboten, die Variante des Bezugs der Software über das Internet wird im Rahmen eines Hosting-Angebotes realisiert.[133]

- Auch Oracle hat seine Lösung primär in On-Premise-Versionen im Angebot, bietet aber für alle Produkte an, diese hosten zu lassen. Eine vergleichbare On-Demand-Lösung ist nur für den CRM-Bereich im Angebot.[134]

- Bei Sage wird ebenfalls nur der CRM-Bereich als On-Demand-Lösung angeboten, eine ERP-On-Demand-Lösung ist noch nicht im Programm, wohl aber das erweiterte Application-Hosting.[135]

4.2 Chancen für On-Demand-ERP-Software im Mittelstand

Unabhängig von den Vorteilen der Technik ergeben sich für ERP-On-Demand-Software Chancen durch den Nutzen von ERP-Systemen: die Gestaltung von effizienteren Prozessen, das Potential auf Ertragssteigerung und Kostenverringerung in verschiedenen Bereichen sowie die leichtere Abstimmung der Geschäftsprozesse kommen den Präferenzen der KMU bezüglich einer Unternehmenssoftware entgegen (siehe Kapitel 3.1.1). ERP-Systeme unterstützen die interne und externe Kommunikation, bieten genauere Planung und auch Kontrolle.[136] Allein das Anbieten eines ERP-Systems bietet bzgl. des grundsätzlichen Strukturierungsbedarfs vieler KMU eine gewisse Markt-Chance.

Aus Ergebnissen der Untersuchung von Raad Research (siehe Abbildung 5), lässt sich entnehmen, dass ein Drittel aller Mittelstandsunternehmen 10 Jahre alte ERP-Lösungen im Einsatz haben, ein weiteres Drittel wechselt sein System nur alle fünf

---

[132] Vgl. Infor (2008d), o. S.
[133] Vgl. Microsoft (o. J. a), o. S.
[134] Vgl. Oracle (o. J. c), o. S.
[135] Vgl. Sage (o. J. d), o. S:
[136] Vgl. Moser (2004), S. 21 ff., Vgl. Kallies / Przybilla (2007), S. 9 ff.

Jahre aus. Des Weiteren sind rund 20% aller im Einsatz befindlichen ERP-Systeme Individuallösungen.[137] Der Umfrage der NEG zufolge setzen rund 35% der Unternehmen mit weniger als 50 Mitarbeiter gar kein ERP-System ein.[138] Hier eröffnet sich für einen ERP-Software-Anbieter ein entsprechend großer Markt auf KMU-Ebene. Es besteht Nachholbedarf hinsichtlich des Einsatzes von ERP-Systemen, ein weiterer Aspekt, der zum aktuellen Zeitpunkt für den Anbieter einer ERP-Software als Chance bewertet werden kann.

Zusätzlich bieten sich Chancen im Bereich der bereits im Einsatz befindlichen Hardware bzw. System-Architekturen: etwa die Hälfte ist veraltet. In der Überlegung, die IT-Landschaft zu aktualisieren, kann der Umstieg auf ein On-Demand-Modell ebenfalls als Option berücksichtigt werden.[139] Bei einer Modernisierung der Systemlandschaft wird empfohlen, auf einen SOA-Ansatz zu achten.[140] Eine step-by-step-Umstellung des Alt-Systems auf SOA stellt sich als unwirtschaftlich dar. Daher bietet es sich an, ebenfalls externe Anbieter in Betracht zu ziehen. ERP-Anbieter, die in ihrer Software auf neue Methoden in der Architektur und Technik zurückgreifen, haben einen gewissen Marktvorteil. Im Bereich On-Demand-Software ist genau dieser Vorteil gegeben, da sie auf den neuesten Ideen der SOA und SaaS basieren.

Ein Softwarehaus muss das Vertrauen der Kunden dahingehend aufbauen, dass es auch zukünftig in der Lage sein wird, die erwartete Leistung im vollen Umfang zu erbringen. Ein kleines Softwarehaus mit geringeren Mitteln hat in diesem Markt einen schweren Stand. SAP kann hier durch seine starke Marktposition auf ein entsprechendes Grundvertrauen zählen und hat Chancen, für System-Wechsler oder Neueinsteiger zur ersten Wahl zu gehören.

Die Betrachtung der On-Demand-Ansätze der ausgewählten Mitanbieter von ERP-Systemen zeigt, dass der Anbieter SAP mit der Business ByDesign-Lösung als einziger eine ERP-Software anbietet, die ein On-Demand-Konzept i. S. dieser Arbeit aufweist. Microsoft, Infor, Oracle und Sage bieten ebenfalls Produkte im On-Demand- oder SaaS-Modell an, diese sind jedoch eher als erweitertes Application-

---

[137] Vgl. Hesseler / Görtz (2007), S. 53 f.
[138] Vgl. NEG (2007), o. S.
[139] Vgl. Hesseler / Görtz (2007), S. 53 f.
[140] Vgl. Siegenthaler / Schmid (2006), S. 64

Hosting zu bewerten. In dieser Hinsicht bietet sich für SAP als Vorreiter in Sachen On-Demand-Software eine Chance.

Durch die Vereinfachung der Lieferung und Konfiguration der Software kommt SAP dem Marktbedürfnis entgegen und kann den KMU die Orientierung erleichtern. Die kontinuierliche Anpassbarkeit des Produktes SAP Business ByDesign ermöglicht den Unternehmen, künftigen Herausforderungen gewachsen zu sein. Es muss keine Anpassungs- oder Ergänzungsprogrammierung vorgenommen werden: die gewünschten Module können per click-and-rent eingebunden werden. Durch die Reduzierung der Komplexität auf User-Seite und dem hohen Grad an Flexibilität steht den KMU eine Software zur Verfügung, die sie bei der automatisierten Abwicklung der Geschäftsprozesse unterstützt. Nicht die Unternehmens-Prozesse werden angepasst, sondern das System wird entsprechend den Prozessen moduliert. Alternativ haben KMU die Möglichkeit, die eigenen Prozesse mit Hilfe von vorgegebenen Best-Practice-Modellen abzubilden und zu optimieren. Hier eröffnen sich für SAP Business ByDesign weitere Markteintrittschancen gegenüber Standard-Software: Unabhängig davon, wie viele Optionen bereitgehalten werden, passt sie selten zu dem im Unternehmen praktizierten Workflow.

Durch den Vertrieb über das Internet wird die Implementierungszeit massiv verkürzt, die Software steht theoretisch per Mausklick bereit. Die Plattform befindet sich im Haus des Software-Anbieters und muss nur noch konfiguriert werden. Im Fall SAP Business ByDesign wird geworben, dass langfristige Beratereinsätze, die u. U. für die Einbindung der neuen Software notwendig sind, entfallen. Die Software kann vor der Live-Schaltung ausgiebig getestet werden, der Kunde kann sich über einen personalisierten Arbeitsbereich an das Produkt gewöhnen und die einzelnen Bereiche kennen lernen. Während des Umgangs mit SAP Business ByDesign kann auf eine integrierte Lernumgebung und auf die SAP Business ByDesign Community zurückgegriffen werden, so dass ein „learning on the job" erleichtert bzw. ermöglicht wird. Die Aktualisierung der Software wird vom Softwareanbieter geplant und vorgenommen: für das Einspielen von Updates und Patches wird keine Down-Time des Systems benötigt, die Software wird im Hintergrund, während des Betriebes, aktuell gehalten. Durch regelmäßige Updates und Patches wird z. B. die Einhaltung gesetzlicher Standards gewahrt. Bei einer Neuorientierung aus geschäfts- oder marktpolitischer Entscheidung kann die Software nach dem Baukastenprinzip angepasst werden und gewährleistet so die Modifizierung der Unternehmensprozesse. Die schnelle Implementierung, leichte Bedienung und einfache Konfiguration entspricht den Anforderungen der KMU und bietet SAP als ERP-Anbieter mit On-Demand-Software eine Chance.

SAP kann von einem großen Marktvertrauen durch seinen hohen Bekanntheitsgrad und durch die erfolgreichen Produktpaletten am Markt profitieren. Mit der Markteinführung von Business ByDesign hat SAP dieses Vertrauen weiter ausbauen können, in dem das Unternehmen die Produktentwicklung durch Einbindung eines unabhängigen Dritten, der TÜViT, begleiten ließen. Die Zertifizierung „TÜViT Trusted SOA" durch TÜViT kann sich positiv auf die Marktchancen auswirken, da SAP Business ByDesign auf noch relativ junger Technologie basiert und der Kunde KMU i. d. R. nicht dem Early Adaptor entspricht. Um den Vorteil der Zertifizierung aufrecht zu erhalten, ist von SAP ggf. ein Folgezertifikat für das nächste Release geplant.[141] Zusammen mit dem Trend, dass der Mittelstand das Hosting von Anwendungen immer öfter als Alternative sieht[142], kann die zusätzliche Bestätigung durch einen unabhängigen Dritten diese Hemmschwelle senken und eine Chance für die Neukundengewinnung erhöhen.

Das On-Demand-Modell bietet den Abnehmern die Chance zur Befreiung aus der oft bemängelten „Kostenfalle IT".[143] Die KMU haben durch On-Demand-Software eine Möglichkeit, den Großteil ihrer IT-Kosten, bestehend u. a. aus Lizenzgebühren, Support, IT-Infrastruktur, Security, Datensicherung, Notfallrechenzentrum, auf eine Flat-Fee, dem Mietzins, zu reduzieren. Durch die Verringerung von Kosten im On-Demand-Modell gewinnen die KMU eine höhere Liquidität und einen transparenteren Cash-Flow. Das Unternehmen erlangt eine größere Planungssicherheit und reduziert die Gefahr von unvorhersehbaren, existenzkritischen, die IT betreffenden Ausgaben. Kosten für Hardware, Server-, Netz- und Wartungssoftware werden durch den Mietzins abgegolten. Durch die Verringerung der Kosten bei gleichzeitiger Erhöhung der Planungssicherheit stellt das On-Demand-Modell eine Chance für Anbieter und Abnehmer gleichermaßen dar.

---

[141] Vgl. Anhang: Anfrage TÜViT (2008a), o. S.
[142] Vgl. Experton Group (2007), o. S.
[143] Vgl. Wolff (2007), o. S.

Durch die Auslagerung von Hard- und Software und der damit verbundenen Wartung kann der Kunde KMU den administrativen Aufwand minimieren und profitiert von einem anteiligen Risikotransfer zum Dienstleister. Der Kunde kann sich mit den freiwerdenden Ressourcen auf seine Kernkompetenz konzentrieren und braucht sich nicht um technische und organisatorische Belange der Software kümmern - ein Großteil der Organisation rund um die Software entfällt. Auch mit einer kleinen IT-Abteilung kann auf On-Demand-Basis eine umfangreiche Unternehmenssoftware eingesetzt werden. Die für die Software benötigen IT-Leistungen, z. B. Sicherheit, Anti-Spam-Maßnahmen oder Datensicherung, werden ebenfalls über den Mietzins eingekauft. Der Risikotransfer und die Gewinnung von externem Spezialisten-Support für die IT mit gleichzeitiger Freisetzung von Ressourcen für die eigene Kernkompetenz ist am Markt eine Chance für das On-Demand-Modell.

Der Kunde profitiert von der Internationalisierung des Produktes: Durch die Mehrsprachenfähigkeit des Produktes SAP Business ByDesign ist ein Wachsen der Unternehmung über die nationalen Grenzen hinaus möglich. Eine Markterweiterung, z. B. mit Geschäftsstellen im europäischen Ausland, ist leichter realisierbar. Alle Anwender haben zu jeder Zeit Zugriff auf dieselben Daten. Das Potential für KMU, eine Software an die Hand zu bekommen, die bei der Erweiterung der Geschäftsbereiche des Unternehmens mitwachsen kann, bietet eine Chance für das SAP-ERP-System auf On-Demand-Basis.

Ein Blick auf die Erwartungshaltung bzgl. der Entwicklung des SaaS-Marktes zeigt den Optimismus der Softwarehersteller: Die Bereiche ERP und CRM sind die Favoriten gem. der Lünendonk-Studie aus dem Jahr 2007 (Abbildung 7). Die Analysen der Experton Group sehen ebenfalls eine Erhöhung des SaaS-Marktvolumens, mit einem deutlichen Aufholen von ERP-Software (Abbildung 8). Der Bekanntheitsgrad des On-Demand-Begriffs bei den Unternehmen ist mit 80% schon als „hoch" zu bewerten (siehe Abbildung 9: On-Demand – Umfrage). Die Markteinschätzung, zusammen mit dem Bekanntheitsgrad betrachtet, zeigt weitere Marktchancen für On-Demand-ERP-Systeme.

Der Kunde profitiert von einer Komplettlösung aus einer Hand und vermeidet so organisatorischen Mehraufwand zur Abstimmung von Schnittstellen zwischen verschiedenen Anwendungen (siehe Abbildung 3: Kriterien für die Auswahl von Softwarelieferanten). Der gewachsene Funktionsumfang kann durch eine Software auf On-Demand-Basis ganzheitlich und flexibel dargestellt werden und bietet eine Alternative zu den für KMU zu komplexen und zu wenig branchenspezifischen Standard-Software-Paketen. Das Umdenken bei den Softwareanbietern und Erkennen des Mittelstandes als heterogene Zielgruppe (siehe Kapitel 3.1.4.1) kommt der Präferenz der KMU bezüglich einer ganzheitlichen Darstellung der Geschäftsprozesse in einem System entgegen und bietet eine Chance für SAP Business ByDesign.

Die Entwicklungen in der Kommunikationstechnik bieten höhere Bandbreiten und gesunkene Verbindungsentgelte. Durch Neuerungen bei Web-Werkzeugen und den Ausbau der Internetfähigkeit von Produkten wird der Einsatz von SaaS, bzw. Software-On-Demand begünstigt. Mussten vor 10 Jahren noch teure Datenleitungen betrieben werden, so bietet sich für heutige Unternehmen der günstige Fernzugriff auf gehostete Software: so genannte Flat-Rate-Angebote bieten günstige Preise und einen hohen Datendurchsatz. Der Ausbau der Internettechnologie ist als Chance für On-Demand-Systeme zu bewerten, da der Datenaustausch über das Internet günstiger und schneller wird.

Durch die dezentrale Infrastruktur hat der Kunde theoretisch die Möglichkeit - unter Berücksichtigung der rechtlichen Lage (siehe Kapitel 3.1.3.3) - kurzfristig den Anbieter zu wechseln. Er ist nicht an spezielle Hardware oder Servertechnik für eine bestimmte ERP-Lösung gebunden, weil der Zugang über das Internet gewährleistet wird. In der Option, eine ERP-Lösung leicht substituieren zu können, steckt eine kleine Marktchance, sie mag die Entscheidung zugunsten einer ERP-On-Demand-Software erleichtern.

4.3 Risiken für On-Demand-ERP-Software im Mittelstand

Obwohl die Literatur bei der Planung bzw. der Modernisierung einer Systemlandschaft empfiehlt, auf die Verwendung von neuen Architekturen mit SOA-Ansatz zu achten[144], bescheinigt eine Umfrage des Marktforschungsinstituts IDC, dass bei der Auswahl eines neuen ERP-Systems dem Kriterium „SOA-Plattform" am wenigsten Wert beigemessen wird (siehe Abbildung 6).[145] Der Mittelstand ist, trotz einer gewissen Tendenz zu einer SaaS-Affinität (siehe

---

[144] Vgl. Siegenthaler / Schmid (2006), S. 64
[145] Quelle: Bayer (2008), o. S.

Abbildung 9), kein Early Adaptor und setzt eher auf ausgereifte Lösungen, die sich schon einige Zeit bewährt haben (siehe Abbildung 3: Kriterien für die Auswahl von Softwarelieferanten). Die Zurückhaltung bzgl. neuer Technologie bedeutet für den On-Demand-Software-Anbieter ein Risiko.

Im Gegensatz zu den On-Premise-Anwendungen begeben sich die Kunden in ein stärkeres Abhängigkeitsverhältnis: sämtliche Daten werden bei dem Software-Anbieter gespeichert und verwaltet; die Infrastruktur wird komplett von dem On-Demand-Anbieter gestellt und gewartet; zusätzlich ist der Kunde auf die Verfügbarkeit der Internet-Bandbreite angewiesen. Eine einmal angebotene und verkaufte Lösung muss permanent aufrechterhalten werden können, da bei Einfrierung/Abschaffung des Produktes dem Kunden die geschaffene Unternehmensorganisation genommen werden würde. Im Gegensatz zu der Vor-Ort-Installation einer On-Premise-Lösung: diese bietet einen vom Software-Anbieter unabhängigen Betrieb. Die Studie der IDG Business Media zeigt, dass fast 64% der Befragten eine zu hohe Abhängigkeit vom Serviceanbieter befürchten, 35% einen Know-how-Verlust in der eigenen IT-Abteilung und 36% Systemausfälle sowie eine mangelnde Verfügbarkeit der Lösung[146] (siehe auch Tabelle 4: SWOT-Analyse SaaS). Diese Grundhaltung der KMU stellt ein potentielles Markteintritts-Risiko dar.

Die Mindestlaufzeit von 24 Monaten ist zwar eine geläufige Grundmietzeit, kann aber dazu führen, dass Kunden sich gegen einen Einsatz der Lösung Business ByDesign entscheiden. Zusätzlich kann die Unsicherheit bezüglich künftiger Beitragsanpassungen die Kunden von dem neuen On-Demand-Modell abhalten. Obwohl die IT-Kosten grundsätzlich an Transparenz gewinnen, verstärkt eine Mindestlaufzeit die Unsicherheit bei den KMU und stellt ein gewisses Risiko für das SAP On-Demand-Modell dar.

Im Bereich der Netz- und Datensicherheit wachsen die Gefahren, weil die mögliche Angriffsfläche von außen größer wird. Die Wahrscheinlichkeit von Spionage und Sabotage durch Phishing- und Viren-Attacken nimmt durch die Geschäftsabwicklung über das Internet zu. Der Kunde muss sich darauf verlassen können, dass der On-Demand-Anbieter ein sicheres System zur Verfügung stellt. In der Studie der IDG Business Media haben allerdings 30% der Befragten weiterhin

---

[146] Vgl. Lixenfeld (2008), o. S.

Sicherheits- und Integrationsbedenken[147], wodurch ein Risiko für das On-Demand-Modell zu sehen ist.

Das Baukastenprinzip bietet zwar eine flexible Anpassung der Software, allerdings bewegt man sich mit der On-Demand-Software immer in einem definierten Standard-Rahmen. Der Kunde kann sich durch das Übernehmen einer Komplettlösung aus einer Hand eingeengt fühlen. Er ist darauf angewiesen, dass die angebotenen Schnittstellen für seine Belange genügen und dass die Weiterentwicklung des Produktes in seinem Sinne ist. Die Kontrollmöglichkeit des Kunden wird eingeschränkt, die Software ist z. B. nicht durch Anpassungsprogrammierung weiter zu individualisieren. Die Möglichkeit, dass eine Unternehmung mit ihren Anpassungsbedürfnis an die Grenzen des Programms stößt, birgt ein Risiko bezüglich der Einführung von ERP-On-Demand-Systemen (siehe Tabelle 4: SWOT-Analyse SaaS).

Scheiterten vor 10 Jahren Application-Hosting-Modelle an der Kommunikationstechnik (teure und schlecht verfügbare Datenleitungen), so bieten höhere Bandbreiten und gesunkene Verbindungsentgelte auch dem damaligen Modell neue Chancen. Der Kunde hat eine Alternative, seine IT-Infrastruktur zu verschlanken, in dem er seine bestehende oder neue ERP-Lösung in die Obhut eines Hosting-Anbieters gibt. Die in Kapitel 3.2.2 betrachteten Unternehmen haben jeweils eigene Ansätze bezüglich ERP-Systemen und bieten diese auch in entsprechenden Application-Hosting-Modellen an. Die Entwicklung bzgl. SOA und SaaS begünstigt auch andere Vertriebsmodelle. Es ist hier ein gewisses Risiko für den Vertrieb einer ERP-On-Demand-Lösung zu sehen, da die Konkurrenz durch andere Lösungsansätze, i. B. des Application-Hosting, stark ist.

Die unter Kapitel 4.2 beschriebe Austauschbarkeit der Lösung ist zusätzlich als Risiko hinsichtlich des Angebots von ERP-On-Demand-Software zu bewerten: Die Option, eine ERP-Lösung leichter substituieren zu können, ist gleichzeitig ein Risiko für den Anbieter.

Gleichzeitig verbirgt sich in der Datenhaltung ein gewisses Marktrisiko. Die Kundendaten werden dezentral verwaltet: wünscht der Kunde, das System zu wechseln, steht er vor dem Problem der Datenübernahme. Zunächst muss er

---

[147] Vgl. Lixenfeld (2008), o. S.

klären, ob die die Daten überhaupt und wenn ja wann herausgegeben werden. Im nächsten Schritt muss er die ihm im Rahmen der Vertragsbeendigung übergebenen Daten in das neue ERP-System einspielen können. Diese Problematik kann als Hemmschwelle für die Entscheidung zugunsten eines ERP-On-Demand-Systems führen und muss als Risiko betrachtet werden.

Das Beziehen von On-Demand-Software bedeutet ein Umdenken in der Vertragskonstellation, der Unternehmer hat gegenüber den On-Premise-Anwendungen andere rechtliche Kriterien zu berücksichtigen: Gewährleistung, Vertragslaufzeit, Änderungen an der Software seitens des Anbieters und Zugangsgarantie sind nur einige wenige Aspekte, die ein Risiko bezüglich der Entscheidung zugunsten einer ERP-On-Demand-Lösung darstellen.

Die Zertifizierung durch den TÜViT birgt für SAP Risiken in der Hinsicht, dass andere Anbieter ebenfalls die Chance haben, ihre Software gem. „TÜViT Trusted SOA" zertifizieren zu lassen. Gem. Auskunft der TÜViT sind SOA-Zertifizierungen für andere Kunden in Planung, es haben bereits Gespräche stattgefunden, allerdings sind andere Anbieter vorsichtig und warten zunächst die Entwicklung von SAP Business ByDesign ab[148]. Des Weiteren ist zu beachten, dass das Zertifikat nicht speziell für On-Demand, sondern für SOA allgemein, konzipiert ist. Also können auch andere SaaS-Modelle wie Application-Hosting nach „TÜViT Trusted SOA" zertifiziert werden. Hier verbirgt sich das Risiko, dass die Konkurrenz-Anbieter anderer Modelle stärker werden.

---

[148] Vgl. Anhang: Anfrage TÜViT (2008a), o. S.

5 Fazit

5.1 Zusammenfassung

Die Auswertung aus den Kapiteln 4.2 und 4.3 werden zunächst tabellarisch zusammengefasst. Tabelle 9 beinhaltet die erarbeiteten grundsätzlichen Chancen und Risiken für ERP-Systeme auf On-Demand-Basis im Zielsegment KMU. In Tabelle 10 folgt eine ergänzende Übersicht der Chancen und Risiken, welche zusätzlich für das Produkt SAP Business ByDesign hervorzuheben sind.

	Chancen	Risiken
ERP-On-Demand-Anbieter	• hoher Anteil an alten ERP-Systemen, bzw. teils gar kein ERP-System im Einsatz • veraltete Hardware / Systemarchitektur • SOA als Empfehlung für neue Systeme / On-Demand als Alternative • Mitwachsende Software • Vereinfachung bei Lieferung und Konfiguration (click-and-rent) • leichte Austauschbarkeit • hohe Flexibilität • Anwendung von Best-Practice-Modellen • Verkürzung der Implementierungszeit • Verringerung der Notwendigkeit von externen Beratern • Aktualisierung der Software im Hintergrund / keine Down-Time • Zertifizierung bildet Vertrauen • Trend zum Application-Hosting • Befreiung aus Kostenfalle • Outsourcing der Hardware • Kosteneinsparung • höhere Liquidität / Planungssicherheit • Risikotransfer bzgl. IT-Ausfall • Minimierung des administrativen Aufwands • freie Ressourcen für die eigene Kernkompetenz • erwartetes Marktwachstum • Verfügbarkeit über das Internet: relativ geringe Verbindungskosten / hohes Datentransfervolumen • Gestaltung effizienterer Prozesse • bessere interne und externe Kommunikation	• kleines Softwarehaus bringt evtl. nicht genug Marktvertrauen • Wert einer SOA wird gering geschätzt • KMU kein Early Adaptor • Zurückhaltung i. S. neuer Technologie / Tendenz zu ausgereiften Lösungen • größeres Abhängigkeitsverhältnis • Unsicherheit bzgl. künftiger Mieterhöhung • Abhängigkeit von Verfügbarkeit der Internet-Bandbreite • permanente Bereitschaft der Lösung muss gewährleistet sein • Einfrierung, gar Abschaffung der Lösung, mögliche Gefährdung der Unternehmensorganisation • Befürchtung von Systemausfällen und mangelnder Verfügbarkeit • Angst vor Know-how-Verlust • Sicherheitsbedenken, über das Internet anfälliger bzgl. Viren- und Phishing-Attacken • Standardrahmen der Software zu eng • keine Anpassungsprogrammierung möglich • keine Kontrollmöglichkeit, keinen Einfluss auf Änderungen in der Software • große Konkurrenz durch Application-Hosting-Anbieter • leichter Wechsel des Anbieters • Datenübernahme bei Anbieterwechsel ist kritisch • neue juristische Lage

Tabelle 9: Überblick Chancen und Risiken: ERP-On-Demand-Anbieter

	Chancen	Risiken
SAP Business ByDesign	• Marktvertrauen • On-Demand-Vorreiter • unverbindliches Testen / Übergang in Produktion möglich • Intuitiv / Lernumgebung eingebunden / learning-on-the-job • Community-Zugang • Baukastenprinzip / flexibler als z. B. konfigurierbare Standardsoftware • Zertifizierung TÜViT / Folge-Zertifikat geplant • Globalisierung • Komplettlösung aus einer Hand	• junges Produkt • TÜViT kann für Konkurrenz ebenso positiven Effekt geben • Application-Hosting ist als Konkurrenz-Angebot weit verbreitet • Bindung über Vertragslaufzeit

Tabelle 10: Überblick Chancen und Risiken: SAP Business ByDesign

5.2 Schlussbetrachtung

Betrachtet man die Umfragen bzgl. der derzeit bei den KMU vorherrschenden Systemlandschaften und der eingesetzten Unternehmens-Software bzw. ERP-Systeme, so zeigt sich ein großer Nachholbedarf, insbes. an der zum Teil veralteten Hard- und Software. Systeme mit überholter Technologie, u. a. teure Eigenentwicklungen, die nicht ohne Weiteres auf den neuesten Stand der Technik gebracht werden können, prägen einen Großteil des Mittelstandes. Daneben gibt es ebenfalls Unternehmen, die ihre Prozesse mit manuellen Lösungen, basierend z. B. auf Excel oder Access, unterstützen. Die Hemmschwelle, die jeweiligen Systeme zu erneuern, ist allgemein sehr hoch. Zumindest Teile der KMU fühlen sich schon in einer Kostenfalle, oder befürchten, durch die Anschaffung einer neuen Unternehmens-Software in diese zu geraten. Hinzu kommt, dass eine Standard-Unternehmens-Software - auch wenn sie bis zu einem gewissen Grad konfigurierbar ist - selten den Ansprüchen der KMU entspricht.

Die Kostenersparnis, die Ablösung veralteter, nicht mehr modernisierbarer Systeme, der zumindest anteilige Risikotransfer zum Anbieter und nicht zuletzt die Möglichkeit einer bequemen und schnellen Implementierung über das Internet sind als die bedeutendsten Chancen für ERP-Systeme auf On-Demand-Basis zu sehen. Die On-Demand-Alternative hat erhebliches Potential, den KMU ein kostengünstiges ERP-System an die Hand zu geben: Die Kosten für die Software und die dafür benötige Systemlandschaft werden auf einen Mietzins reduziert, lediglich eine Workstation mit Internetzugang wird benötigt - hier begünstigen günstigere Verbindungsentgelte und höhere Bandbreiten das On-Demand-Modell. Handelt es sich um eine echte On-Demand-Software, so kann der Anbieter ohne Weiteres ein unverbindliches Testen des Produktes gewähren: der Kunde KMU kann auf diesem Weg die angebotene Lösung auf Herz und Nieren testen und bei Gefallen sicher sein, dass er genau das bekommt, was er sieht – im Gegensatz zu Demo-Versionen, die i. d. R. auf einem eigens dafür aufgesetztem System laufen. Hier können bei der Implementierung in das Produktiv-System unvorhergesehene Inkompatibilitäten auftreten, die Abweichungen bei der Lösung erfordern. Zusätzlich wird über das click-and-rent-Prinzip die Implementierungszeit erheblich verkürzt und somit der Aufwand für die Implementierung verringert. Dadurch, dass die Systemlandschaft beim Anbieter gepflegt wird, profitieren die KMU von einem Risikotransfer in nicht geringem Maße: gehören doch permanente Instandhaltungskosten und unvorhergesehene Investitionen in den Kreislauf der Kostenfalle.

Dem entgegen steht die Tatsache, dass On-Demand-Software eine junge Technologie ist und KMU i. d. R. nicht als Early Adaptor fungieren. Diese Grundhaltung wird durch Sicherheitsbedenken und Befürchtungen über Kontrollverlust verstärkt. Zusammen mit dem großen Marktangebot im Rahmen des Application-Hosting zählen die vorgenannten Punkte zu den größten Risiken im Bereich der ERP-Systeme auf On-Demand-Basis. Die größten Chancen bergen so auch einen Teil der größten Risiken in sich: Während das eine KMU von dem Risikotransfer profitiert, bedeutet für das Andere die Abgabe der eigenen Systemlandschaft an einen externen Anbieter einen nicht zu vertretenden Kontrollverlust. Hinzu kommt die Angst vor möglicher Sabotage oder Spionage über Viren- oder Phishing-Attacken - Sicherheitsrisiken, die durch die Erhöhung der Internet-Aktivität ansteigen. Das breite Markt-Spektrum in Sachen ERP-Systeme bildet das größte Risiko für ERP-Systeme auf On-Demand-Basis: Alle großen Softwarehäuser bieten einen Großteil ihrer Produkte auch als Application-Hosting-Variante an. Die Lösungen basieren ebenfalls auf den neuesten Technologien und sind ebenfalls im SaaS-Modell zu beziehen. Sie bieten teilweise die gleichen Vorteile wie das On-Demand-Modell: die Software und die zugehörige Systemlandschaft werden dezentral verwaltet – somit liegt hier ebenfalls ein Risikotransfer vor – und die Kosten werden über einen Mietzins abgegolten.

Für die Zukunft der ERP-Systeme auf On-Demand-Basis muss sich zunächst mittelfristig zeigen, ob und wie sich die Haltung der KMU verändern wird. Zum jetzigen Zeitpunkt überwiegt das Vorsichtsprinzip: das Ruder am besten nicht aus der Hand geben. Hierbei steht das Ruder für Faktoren wie Sicherheit, eigene Hardware, In-House-Software und die eigene IT-Abteilung. Der Trend in Richtung Abkehr von diesem Vorsichtsprinzip, bzw. eine gewisse Tendenz zum Application-Hosting ist schon zu erkennen.

Den Anbietern von ERP-Systemen auf On-Demand-Basis muss es gelingen, das Vertrauen der KMU weiter aufzubauen, so dass das Beziehen einer Software auf Mietbasis ein ebenso selbstverständliches Geschäft wird wie das Mieten oder Leasen von Kraftfahrzeugen oder Computern. Die Flexibilität des On-Demand-Modells muss gelebt werden, denn langfristige Verträge bedeuten für einen ggf. unzufriedenen Kunden ebenfalls eine Kostenfalle.

Das Vorhalten ihrer Daten bei externen Anbietern ist für Kunden ein sehr sensibles Thema. Einer Erhöhung der diesbezüglichen Transparenz kommt deswegen eine größere Bedeutung zu. Z. B. kann mehr Sicherheit und Vertrauen in das abstrakte Modell On-Demand-Software gegeben werden, wenn dem Kunden Backups seiner verwalteten Daten verfügbar gemacht werden. Gelingt es den Anbietern von ERP-On-Demand-Software, die unternehmensspezifischen Stärken und Schwächen so an den korrespondierenden Chancen und Risiken der Unternehmensumwelt auszurichten, erscheint lohnendes Markt-Potential realisierbar. Die relevanten Chancen und Risiken wurden in den Kapiteln 4.2 und 4.3 herausgearbeitet (siehe auch Tabelle 9 und Tabelle 10).

5.3 Ausblick

Im bisherigen Verlauf der Arbeit wurden bedeutende Merkmale der Abnehmer- und der Wettbewerbssituation aufgezeigt, sowie die hieraus resultierenden Chancen und Risiken für ERP-On-Demand-Software herausgearbeitet. Chancen und Risiken lassen sich aus einer Bewertung der Situation innerhalb der Unternehmensumwelt ableiten. Sie stellen das externe Gegenstück zu den Stärken und Schwächen eines Unternehmens dar. Die Entwicklung einer erfolgreichen Vermarktungsstrategie setzt grundlegend voraus, die erkannten Stärken eines Unternehmens zu nutzen, um Marktchancen auszubauen bzw. zu realisieren und drohende Risiken zu vermeiden.

SAP kann auf Grund seiner Unternehmensgröße und seiner umfangreichen, am Markt erfolgreichen Produktpalette, mit einem entsprechenden Marktvertrauen agieren. Dieses Marktvertrauen kann z. B. innerhalb der Zielgruppe KMU genutzt werden, um diese von der langfristigen Sicherheit und Verfügbarkeit des neuen On-Demand-Modells zu überzeugen. Auf der anderen Seite könnte SAP zusätzlich zu den unverbindlichen Testphasen z. B. die langen Vertragslaufzeiten mit einer Probezeit versehen: So hätte der Kunde die Möglichkeit- sollte er im Produktionsbetrieb feststellen, dass die Lösung doch nicht seine betrieblichen Anforderungen erfüllt – zeitnah aus dem Vertrag auszusteigen, er braucht keine Fixkosten für eine durch ihn ggf. nicht nutzbare Lösung fürchten. In der Option, dass der Kunde im wörtlichen Sinne des On-Demand-Begriffs zu einer alternativen Lösung wechseln kann, liegt wiederum ein entsprechender Vertrauensaufbau für das eigene Produkt.

Eine detaillierte Ausgestaltung und letztlich Definition der Vermarktungsstrategie setzt wie o. a. eine Identifizierung der Stärken und Schwächen des Unternehmens voraus. Mögliche erste Aspekte können der Vorstellung des Unternehmens SAP, bzw. deren Mitbewerber, entnommen werden. Die erforderlichen weitergehenden Analysen werden im Rahmen des Themas dieser Arbeit nicht betrachtet und bilden die Basis für eine weitere wissenschaftliche Arbeit.

Anhang

Anfrage beim TÜViT-seitigem Projektleiter der Zertifizierung für SAP Business ByDesign

(wird aus Datenschutzgründen nicht veröffentlicht)

Literaturverzeichnis

Barry & Associates (o. J.)	Barry & Associates, Inc., Service-oriented architecture (SOA) definition, URL: http://www.service-architecture.com/web-services/articles/service-oriented_architecture_soa_definition.html
Bartmann et al. (2004)	Bartmann, D., Mertens, P., Sinz, E. J.: Überbetriebliche Integration von Anwendungssystemen, Shaker Verlag, Aachen 2004
Bass et al. (2003)	Bass, L., Clements, P., Kazmann, R.: Software architecture in practice, 2. Auflage, Addison-Wesley, Boston u. a. 2003
Bayer (2007)	Bayer, M.: ERP II - die nächste Generation klopft an, COMPUTERWOCHE.DE, München 2007, URL: http://www.computerwoche.de/591871
Bayer (2008)	Bayer, M.: ERP-Migration - wieso, weshalb, warum?, COMPUTERWOCHE.DE, München 2007, URL: http://www.computerwoche.de/1862188
Becker et al. (2005)	Becker, J., Kugeler, M., Rosemann, M.: Prozessmanagement, Ein Leitfaden zur prozessorientierten Organisationsgestaltung, 5. Auflage., Springer, Berlin / Heidelberg 2005
Beckert (2008)	Beckert, S.: SOA: Definition und Abgrenzung, SAP AG, in SOA-KNOW-HOW.DE, Berlin 2008, URL: http://www.soa-know-how.de/index.php?id=45&tx_bccatsandauthors%5Bcatid%5D=11
Behringer (2004)	Behringer, S.: Unternehmensbewertung der Mittel- und Kleinbetriebe: Betriebswirtschaftliche Verfahrensweisen, 3. Auflage, Erich Schmidt Verlag, Berlin 2004
BMWi (2007)	o. V., Dokumentation Nr. 561, Der Mittelstand in der Bundesrepublik Deutschland: Eine volkswirtschaftliche Bestandsaufnahme, Berlin, 2007 - URL: http://www.bmwi.de/BMWi/Navigation/Service/publikationen,did=199326.html
BMWi (o. J.)	o. V., Politik für den Mittelstand, Bundesministerium für Wirtschaft und Technologie (BMWi), o. J. - URL: http://www.bmwi.de/BMWi/Navigation/mittelstand,did=468.html

Bond et al. (2000)	Bond, B., Genovese, Y., Miklovic, D., Wood, N., Zrimsek, B., Rayner, N.: ERP Is Dead — Long Live ERP II, GartnerGroup, 2000, URL: http://www.pentaprise.de/cms_showpdf.php?pdfname=infoc_report
Bussiek (1994)	Bussiek, J.: Anwendungsorientierte Betriebswirtschaftslehre für Klein- und Mittelunternehmen, München, Wien 1994
Computerwoche (2008a)	o. V.: Trends im ERP-Markt: Konsolidierung und SaaS, COMPUTERWOCHE.DE, München 2008, URL: http://www.computerwoche.de/index.cfm?pid=262&pk=1858716
Computerwoche (2008b)	o. V.: Wann sich der Einsatz von SaaS lohnt, COMPUTERWOCHE.DE, München 2008, URL: http://www.computerwoche.de/1863434
EC (2003)	o. V., Empfehlung (2003/361/EG), EC, 2003, URL: http://europa.eu/eur-lex/pri/de/oj/dat/2003/l_124/l_12420030520de00360041.pdf
EC (o. J.)	o. V., KMU-Definition, Die Europäische Kommission (EC), o. J., URL: http://ec.europa.eu/enterprise/enterprise_policy/sme_definition/index_de.htm
Experton Group (2007)	o. V.: Pressemitteilung v. 20.09.2007 - Aus SAP A1S wird SAP Business ByDesign – massive Investitionen in ein stark steigendes Marktsegment, Experton Group, Ismaning 2007, URL: http://www.experton-group.de/fileadmin/experton/press/2007/pm-sap.pdf
Experton Group (2008)	o. V.: SaaS: Vor- und Nachteile aus Anwendersicht, Experton Group, Ismaning 2007, URL: http://www.experton-group.de/home/archive/news/article/saas-vor-und-nachteile-aus-anwendersicht.html
FIBUmarkt (2007)	o. V.: Begriff / Definition von ERP Software, FIBUmarkt.de, Brandenburg 2007, URL: http://www.fibumarkt.de/Fachinfo/Software/Begriff-Definition-von-ERP-Software.html
Frackowiak (2007)	Frackowiak, A.: Was ist SaaS (Software as a Service)?, INS.DE, Castrop-Rauxel 2007, URL: http://blog.ins.de/Ecommerce/beschreibung-was-ist-saas-software-as-a-service.html

Frick et al. (2008)	Frick, D., Gadatsch, A., Schäfer-Külz, U.: Grundkurs SAP ERP – Geschäftsprozessorientierte Einführung mit durchgehendem Fallbeispiel, Vieweg, Wiesbaden 2008
Frisch / Seidel (2007)	Frisch, J., Seidel, B.: Einsatz von ERP-Lösungen in Deutschland bei Betrieben ab 50 Mitarbeiter, Konradin Mediengruppe, Leinfelden-Echterdingen 2007, URL: http://www.industrieanzeiger.de/ia/live/erp_studie/psfile/pdf/64/ERP05Beitr43d63852a2b94.pdf
Fuchs (2007)	Fuchs; C.: Begriffserklärung ERP II, 2007, URL: http://www.ec-net.de/EC-Net/Navigation/betriebswirtschaftliche-anwendungssoftware.html
Gorton (2006)	Gorton, I.: Essential Software Architecture, Springer, Berlin / Heidelberg 2006
Gottwald (2008)	Gottwald, M.: Betriebswirtschaftliche Software als Wettbewerbsvorteil, COMPUTERWOCHE.DE, München 2008, URL: http://www.computerwoche.de/1862645
Gruhler (1994)	Gruhler, W.: Wirtschaftsfaktor Mittelstand – Wissenselement der Marktwirtschaft in West und Ost, 2. Auflage, Köln 1994
Grünwald (2007)	Grünwald, D.: ERP Systeme, URL: http://www.ufo.tugraz.at/files/ERP-Systeme_2007.pdf
Hansen / Neumann (2005)	Hansen, N., Neumann, G.: Wirtschaftsinformatik 1 – Grundlagen und Anwendungen, 9. Auflage, Lucius & Lucius, Stuttgart 2005
Haufe (2008)	o. V.: Studie - ERP-Software im Mittelstand – Einführung, Nutzung und Zufriedenheit, Haufe / ProFirma, Freiburg 2008, URL: http://www.profirma.de/DataCenter/News/1204036919.7/Downloads/StudieERPEinsatzimMittelstand.pdf
Heise (2007)	o. V.: Gartner: Software wird billiger werden, HEISE.DE, Hannover 2007, URL: http://www.heise.de/newsticker/meldung/print/99292
Hesseler / Görtz (2007)	Hesseler, M., Görtz, M.: Basiswissen ERP-Systeme – Auswahl, Einführung & Einsatz betriebswirtschaftlicher Standardsoftware, W3L-Verlag, Herdecke / Witten 2007
Hoffmann-Remy (2007)	Hoffmann-Remy, K.: Hersteller gehen den Mittelstand mit neuem Elan an, IT-BUSINESS.DE, Augsburg 2007

	- URL: http://www.it-business.de/index.cfm?pid=2278&pk=95045
Hofmann (2008)	Hofmann, K.: 19 Zukunftsthemen für Mittelständler, IT-BUSINESS.DE, Augsburg 2008 - URL: http://www.it-business.de/news/management/unternehmensfuehrung/strategie/articles/116776/
IBM (2008)	o. V.: Steigerung des Werts von Oracle- und SAP-Anwendungen durch IBM SOA-Software, IBM, Stuttgart / Wien / Zürich 2008, URL: ftp://ftp.software.ibm.com/software/emea/de/websphere/wsb11340-dede-00.pdf
IBM (o. J.)	o. V.: Warum serviceorientierte Architektur und IBM?, IBM, Stuttgart o. J. - URL: http://www-306.ibm.com/software/de/solutions/soa/
IfM Bonn (o. J.)	o. V.: IfM Bonn Mittelstandsdefinition, Institut für Mittelstandsforschung (IfM) Bonn, o. J., URL: http://www.ifm-bonn.de
Infor (2007)	o. V.: Infor ERP, Infor, München 2007, URL: http://www.infor.de/loesungen/erp/
Infor (2008a)	o. V.: Infor Open SOA (Service-Oriented Architecture), Infor, Friedrichsthal 2008, URL: http://www.infor.de/loesungen/soa/
Infor (2008b)	o. V.: Infor Unternehmensprofil, Infor, Villingen 2008, URL: http://www.infor.de/unternehmen/
Infor (2008c)	o. V.: Infor-Lösungen, Infor, Villingen 2008, URL: http://www.infor.de/loesungen/
Infor (2008d)	o. V.: Infor Professional Services > Solution Hosting, Infor, Villingen 2008, URL: http://www.infor.de/services/hosting/
Juhrisch / Esswein (2008)	Juhrisch, M., Esswein, P.: Modelle zur Konfiguration einer SOA, in: ERP Management 1/2008, S. 24 – 27, Gito, Berlin 2008
Kallies / Przybilla (2007)	Kallies, A., Przybilla, A.: Marktanalyse von Enterprise Resource Planning - Systemen, in WDP Heft 12/2007, Hochschule Wismar, Wismar 2007, URL: http://www.wi.hs-wismar.de/~wdp/2007/0712_KalliesPrzybilla.pdf
Klüpfel / Mayer (2007)	Klüpfel, S., Mayer, T.: Betriebswirtschaftliche Software für KMU, NEG, Würzburg 2008, URL: http://www.ec-net.de/EC-Net/Redaktion/Pdf/Anwendungssoftware/begleitprojekt-erp-prop-leitfad-betriebsw-sw-f-

	kmu,property=pdf,bereich=ec_net,sprache=de,rwb=true.pdf
Konrad (2007)	Konrad, I.: Die Auswahl ist groß, ITMITTELSTAND.DE, Bergisch Gladbach 2007, URL: http://www.itmittelstand.de/startseite/detailansicht-brennpunkt/browse//4/artikel/426/typo3temp/269/die-auswahl-ist-gross.html
Kraus (2007)	Kraus, M.: Wer macht das Rennen um die Gunst des Mittelstandes, SILICON.DE, München 2007 - URL: http://www.silicon.de/analysen/kommentare/0,390 38970,39161691,00/wer+macht+das+rennen+um+die+gunst+des+mittelstandes.htm
Kupsch (2006)	Kupsch, F.: Framework zur dezentralen Integration systemübergreifender Geschäftsprozesse, EUL Verlag, Köln 2006
Lamping (2008)	Lamping, M.: ERP-Lösungen nach Maß, MANAGER-MAGAZIN.DE, 2008 - URL: http://www.manager-magazin.de/it/itdirector/0,2828,530555,00.html
Liebhart (2007)	Liebhart, D.: SOA goes real, Hanser, München / Wien 2007
Lixenfeld (2008)	Lixenfeld, C.: SaaS: Lösungen aus der Leitung, COMPUTERWOCHE.DE, München 2008 - URL: http://www.computerwoche.de/1854899
Markt&Mittelstand (2008)	o. V.: Software-Hersteller/Anbieter Übersicht „ERP", Yukom Markt und Mittelstand GmbH & Co. KG, München 2008, URL: http://www.marktundmittelstand.de/special/software
Melzer et al. (2007)	Melzer, I. et al.: Service-orientierte Architekturen mit Web Services, 2. Auflage, Spektrum, München 2007
Microsoft (2007)	o. V.: Fast Facts über Microsoft, Microsoft, Unterschleißheim 2007, URL: http://www.microsoft.com/germany/unternehmen/fastfacts.mspx
Microsoft (o. J. a)	o. V.: Software plus Service, Microsoft, Unterschleißheim o. J., URL: http://www.microsoft.com/germany/kleinunternehmen/produkte/software-als-service/default.mspx
Microsoft (o. J. b)	o. V.: Hostingangebote von Microsoft-Partnern, Microsoft, Unterschleißheim o. J., URL: http://www.microsoft.com/germany/kleinunternehmen/hosting-

	angebote/default.mspx?keyword=Suchbegriff&postalcode=&category=&class=&sort=&entriesperpage=20&listview=view1&page=1
Microsoft (o. J. c)	o. V.: Microsoft-Dynamics Produkte, Microsoft, Unterschleißheim o. J., URL: http://www.microsoft.com/germany/kleinunternehmen/produkte/dynamics/default.mspx
Moser (2004)	Moser, F.: ERP Systeme für den Mittelstand: Vorteile und Nutzen, SaarData, Saarbrücken 2004, URL: http://www.kegsaar.de/downloads/ittag2004/vortragsforum1/saardata.pdf
Mugler (1993)	Mugler, J.: Betriebswirtschaftslehre der Klein- und Mittelbetriebe, Wien, New York 2007
NEG (2007)	o. V.: Unternehmen fehlt Orientierung bei Software-Einsatz, Netzwerk Elektronischer Geschäftsverkehr (NEG), Bonn / Berlin 2007, URL: http://www.ec-net.de/EC-Net/Navigation/betriebswirtschaftliche-anwendungssoftware,did=217374.html
Niemann / Bayer (2007)	Niemann, F., Bayer, M.: ERP-Markt: Einer gegen alle - alle gegen einen, COMPUTERWOCHE.DE, München 2007, URL: http://www.computerwoche.de/598078
Niemann / Bayer (2008)	Niemann, F., Bayer, M.: Mein neues ERP: größer - schöner – besser, COMPUTERWOCHE.DE, München 2008, URL: http://www.computerwoche.de/1854747
Oracle (2006a)	Steiner, D.: Oracle SOA Suite Quick Start Guide, Oracle, Redwood City, CA 2006, URL http://download.oracle.com/docs/cd/B31017_01/core.1013/b28938.pdf
Oracle (2006b)	o. V.: JD Enterprise One, Oracle, München 2006, URL: http://www.oracle.com/lang/de/applications/jdedwards-enterprise-one.html
Oracle (2008)	o. V.: Oracle CRM On-Demand – customization & integration, Oracle, Redwood City, CA 2008, URL: http://www.oracle.com/crmondemand/downloads/datasheets/crmondemand_customization_datasheet.pdf
Oracle (o. J. a)	o. V.: JD Enterprise One, Oracle, München 2006, URL: http://www.oracle.com/global/de/corporate/pressroom/about_us.html?

Oracle (o. J. b)	o. V.: Oracle On Demand, Oracle, Redwood City, CA o. J., URL: http://www.oracle.com/ondemand/index.html
Oracle (o. J. c)	o. V.: Oracle CRM On Demand: Unlocking Customer Value, Oracle, Redwood City, CA o. J., URL: http://crmondemand.oracle.com/en/products/index.htm
Prilla / Ritterskamp (2007)	Prilla, M., Ritterskamp, C.: Groupware und Wissensmanagement, Bochum 2007, URL: http://www.imtm-iaw.rub.de/imperia/md/content/lehre/grouwi0607/11_wissensmanagement_ontologien_und_normen.ppt
Rey et al. (2002)	Rey, U., Lan, C., Beucker, S.: ERP-Systeme und ihr Datenangebot für die Ressourceneffizienz-Rechnung, CARE Konsortium, Wuppertal 2002, URL: http://www.wupperinst.org/uploads/tx_wiprojekt/care_kp2_2.pdf
Rietzke (2008)	Rietzke, M.: Mittelstand sucht schnell einführbare ERP-Lösungen, nGroup, Hildesheim 2008, URL: http://www.ngroup.info/site/3475/default.aspx
Sage (o. J. a)	o. V.: Sage – Das Unternehmen, Sage, Frankfurt am Main o. J., URL.: http://www.sage.de/com/das_unternehmen.asp
Sage (o. J. b)	Zimpel, H.-F.: bäurer open access, Sage bäurer, Villingen o. J., URL: http://www.sage.de/baeurer/produkte/technologie_boa/boa.asp#
Sage (o. J. c)	o. V.: Sage – Produktübersicht, Sage, Frankfurt am Main o. J., URL: http://www.sage.de/
Sage (o. J. d)	o. V.: SageCRM.com – On-Demand-Software, Sage, Frankfurt am Main o. J., URL: URL: https://de.sagecrm.com/ondemand.asp
Salesforce (o. J.)	o. V.: Salesforce On-Demand CRM, salesforce.com, München o. J., URL: http://www.salesforce.com/de/products/
SAP (2007a)	Video der Pressekonferenz: SAP stellt deutsche Version der neuen On-Demand-Softwarelösung SAP Business ByDesign für den Mittelstand vor – München am 25.10.2007, SAP, Walldorf 2007 URL: http://www.sap.com/germany/about/press/webcast/2007-10-25-pressconf-muenchen.epx

SAP (2007b)	o. V.: SAP Business ByDesign – die umfassendste On-Demand-Softwarelösung für den Mittelstand, SAP, Waldorf 2007, URL: http://www.sap.com/germany/solutions/sme/businessbydesign/pdf/50086155.pdf
SAP (2007c)	o. V.: Erste deutsche Partner investieren in SAP Business ByDesign, SAP, Waldorf 2007, URL: https://www.sap.com/germany/about/press/archive/press_show.epx?ID=4235&action=save&kNtBzmUK9zU
SAP (2008)	o. V.: SAP-Lösungen für kleinere und mittelständische Unternehmen im Überblick, SAP Deutschland AG & Co. KG, Walldorf 2008 - URL: http://www.sap.com/germany/solutions/sme/pdf/50086283.pdf
SAP (o. J. a)	o. V..: Enterprise Service-Oriented Architecture (Enterprise SOA), SAP, Waldorf o. J., URL: http://www.sap.com/germany/plattform/enterprisesoa/index.epx
SAP (o. J. b)	o. V.: SAP-Lösungen für kleinere und mittelständische Unternehmen im Vergleich, SAP, Walldorf o. J., URL: http://www.sap.com/germany/solutions/sme/solution_comparison/index.epx
SAP (o. J. c)	o. V.: SAP Standorte, SAP, Waldorf 2007, URL: http://www.sap.com/germany/about/company/adressen/index.epx
SAP (o. J. d)	o. V.: Über SAP, SAP, Waldorf 2007, URL: http://www.sap.com/germany/about/index.epx
Schambach (2007)	Schambach, A.: ERP: Die Methode macht den Unterschied, COMPUTERWOCHE.DE, München 2007, URL: http://www.computerwoche.de/595274
Scheer / Wert (2005)	Scheer, A-W., Werth, D.: Geschäftsprozessmanagement und Geschäftsregeln - Heft 183, Saarbrücken 2005, URL: http://www.iwi.uni-sb.de/Download/iwihefte/IWi-Heft_183.pdf
Schindler (2008)	Schindler, M.: Welche Applikationen eignen sich für SaaS?, SILICON.DE, München 2008, URL: http://www.silicon.de/cio/wirtschaft-politik/0,39038992,39190418,00/welche+applikationen+eignen+sich+fuer+saas.htm
Schneider (2008)	Schneider J.: Rechtliche Regeln für die Softwaremiete, COMPUTERWOCHE.DE, München 2008, URL: http://www.computerwoche.de/1859885

Shields (2002)	Shields, M. G.: ERP-Systeme und E-Business schnell und erfolgreich einführen, Wiley, Weinheim 2002
Siedersleben (2004)	Siedersleben, J.: Moderne Softwarearchitektur, dpunkt, Heidelberg 2004
Siegenthaler / Schmid (2006)	Siegenthaler, M., Schmid, C.: ERP für KMU. Praxisleitfaden: kurz und prägnant, 2. Auflage, BPX-Edition, Rheinfelden 2005
TechConsult (2007)	o. V.: IT und E-Business im Mittelstand 2007, TechConsult GmbH, URL: http://www.impulse.de/downloads/e_business_studie_2007.pdf
TÜViT (2008a)	Anfrage beim TÜViT-seitigem Projektleiter der Zertifizierung für „SAP Business ByDesign"
TÜViT (2008b)	o. V.: Whitepaper Trusted Product SOA – Prüfzeichen für vertrauenswürdige SOA-Produkte, TÜViT, Essen 2008, URL: http://www.tuvit.de/48640.asp
Unger et al. (2001)	Unger, A., Pflüger, C., Zahl, J.: Das MRP II Konzept, 2001, URL: http://www.andre-unger.com/Publications/Das_MRP2_Konzept.pdf
VNL (o. J. a)	o. V.: Material Requirements Planning, Verein Netzwerk Logistik (VNL), o. J., URL: http://www.logistikwoerterbuch.or.at/dictionary/XP/mm/250.html
VNL (o. J. b)	o. V.: Manufacturing Resource Planning, VNL, o. J., URL: http://www.logistikwoerterbuch.or.at/dictionary/XP/mm/422.html
Wagner (2006)	Wagner, M.: Orchestrierung in der Praxis, sd&m AG, München 2006, URL: http://www.wagnertech.de/Download/OrchestrierungPraxis.pdf
Witte (2008)	Witte, H.: SaaS holt im ERP-Umfeld auf, COMPUTERWOCHE.DE, 2008, URL: http://www.computerwoche.de/1862071
Wolff (2007)	Wolff, T.: IT-Chefs sind frustriert von ERP, CIO, München 2007, URL: http://www.cio.de/knowledgecenter/erp/831858/
Worzyk (2006)	Worzyk: Wissensmanagement in Kleinen und Mittleren Unternehmen, Aachen 2006, URL: http://www.inf.hs-anhalt.de/~worzyk/Wissensmanagement/WMinKuM.ppt